Boris Dreyer

Orte der Varuskatastrophe und
der römischen Okkupation in Germanien

Der historisch-archäologische Führer

Herausgegeben von

Holger Sonnabend und Christian Winkle

Boris Dreyer

ORTE DER VARUSKATASTROPHE UND DER RÖMISCHEN OKKUPATION IN GERMANIEN

Der historisch-archäologische Führer

Die Deutsche Nationalbibliothek verzeichnet diese Publikation
in der Deutschen Nationalbibliografie; detaillierte bibliografische Daten
sind im Internet über http://dnb.d-nb.de abrufbar.

Der Theiss Verlag ist ein Imprint der WBG.

Die Herausgabe des Werkes wurde durch die Vereinsmitglieder der WBG ermöglicht.
Lektorat: Stephanie Müller, Bonn
Satz: Vollnhals Fotosatz, Neustadt a. d. Donau
Einbandabbildung: Eiserner Kern der Gesichtsmaske eines römischen Paradehelms,
gefunden bei Kalkriese, vor 9 n. Chr. © akg / Museum Kalkriese
Einbandgestaltung: Jutta Schneider, Frankfurt am Main
Gedruckt auf säurefreiem und alterungsbeständigem Papier
Printed in Germany

Besuchen Sie uns im Internet: www.wbg-wissenverbindet.de

ISBN 978-3-8062-2956-1

Elektronisch sind folgende Ausgaben erhältlich:
eBook (PDF): 978-3-8062-0105-5
eBook (epub): 978-3-8062-0104-8

Inhalt

Einleitung

Kaum ein Thema aus der Antike fesselt das öffentliche Interesse in Deutschland so wie die Varusniederlage. Das ist im Prinzip schon seit rund 500 Jahren der Fall, seitdem die Schriften des Tacitus bekannt wurden. Damals haben deutsche Humanisten, allen voran Ulrich von Hutten, begierig mit dem „klassischen Stoff" belegen wollen, dass die geschundenen deutschsprachigen Zeitgenossen als Glieder des habsburgischen Weltreiches auf ehrwürdige „Vorfahren" zurückblicken konnten: die Germanen.

Aber weder die Germanen noch die angesprochenen Werke verdienen diese einseitige Instrumentalisierung: Bei den Werken handelt es sich um die „Germania" des Tacitus, die im Jahre 98 n. Chr. erschien, sowie um die „Annalen", die die Geschichte des römischen Kaiserreiches vom Tode des Augustus an (14 n. Chr.) beschrieben. In den ersten beiden Büchern waren die Germanicusfeldzüge von 14–16 n. Chr. thematisiert. Das Bild, das hier von den „Germanen" gezeichnet wird, ist keineswegs einheitlich positiv. Dem Autor ging es auch gar nicht um eine Glorifizierung. Vielmehr wollte Tacitus – wenn man sein Ansinnen überhaupt unter einem Motto zusammenfassen kann – in der „Germania" ein Sittenbild entwerfen, das er seinen verweichlichten Zeitgenossen in Rom als unverbraucht entgegenhalten konnte. In den ersten beiden Büchern der „Annalen" ging es ihm um die Darstellung des Grundgegensatzes zwischen (dem glänzenden Prinzen) Germanicus und dem gerade installierten (dunklen) Herrscher Tiberius (14–37 n.Chr.).

Eine Traditionslinie zwischen den Stämmen, die seit Caesar rechts des Rheins und nördlich der Donau unter dem Oberbegriff Germanen zusammengefasst werden, lässt sich nach den Umwälzungen der sog. Völkerwanderung ohnehin nicht ziehen.

Als „ein Volk", das unter seinem Führer Arminius geeint und erfolgreich gegen die Römer kämpfte, kann man die Germanen überhaupt nicht bezeichnen. Als sich der Einfluss des Arminius auf dem Höhepunkt befand, wehrte sich nicht einmal die Mehrheit aller Stämme unter seiner Führung gegen die römische Herrschaft. Immer hat es eine starke Opposition gegen Arminius gegeben. Gleichwohl zieht der Historiker Tacitus für die Leistung des Arminius am Ende seines gewaltsam beendeten Lebens die Summe, dass er unstreitig „der Befreier Germaniens" gewesen sei (Tac. Ann. 2,88,2).

Karte 1 Lage der Germanenstämme nach Tacitus, Germania.

In der Tat übte und übt diese Figur und ihre Leistung nicht nur auf Zeitgenossen, sondern auch auf die Nachwelt ungetrübte Faszination aus – das Jubiläumsjahr zur Feier der 2000. Wiederkehr der Katastrophe belegt dies durch eine Anzahl von Festakten, Ausstellungen und Publikationen. Zieht man die Feierlichkeiten des Jahres 1909, also vor hundert Jahren, zum Vergleich heran, so ist doch bezeichnend, wie unterschiedlich die Erinnerung an diesen „nationalen Helden" ausfallen kann.

Der Fortschritt der Erkenntnis ist nicht nur hinsichtlich der Bewertung des Gesamtphänomens der Varuskatastrophe und der römischen Expansion in Germanien durchaus beeindruckend, sondern auch in der Einzelinterpretation. Wenn 1966 Harald von Petrikovits vor allem von der Archäologie „für die Zukunft am ehesten neue Indizien" (H. v. Petrikovits 1966, S. 179) erwartete, kann man feststellen, dass sich gerade hier viel getan hat. Wenngleich sich seine Forderungen nicht alle erfüllt haben, so sind doch aufgrund von archäologischen Neufunden sowohl die Phase der römischen Okkupation als auch die Umstände der Niederlage des Varus heute wesentlich klarer zu beschreiben als noch in den 1960er Jahren – auch indem sich archäologische Befunde und literarische Darstellungen gegenseitig bestätigen und ergänzen.

Es ist ein begrüßenswertes Anliegen dieser Reihe, archäologische Befunde einer breiteren Öffentlichkeit zugänglich zu machen und zugleich historisch einzuordnen. So werden wir versuchen, auf der Basis der literarischen und archäologischen Quellen die Geschehnisse des Jahres 9 n. Chr. zu erklären und in den Gesamtkontext der römischen Okkupation einzubetten. Hierauf ist der Fokus gelegt, weniger auf die ausführliche Erörterung der reichhaltigen Literatur zu diesem spannenden Thema. Weiter kann es hier nicht das Ziel sein, alle Theorien über den Verlauf und „den Ort" der Niederlage eingehend durchzudiskutieren, zumal viele dieser Theorien inzwischen wegen der Neufunde „auf der Strecke" geblieben sind.

Dementsprechend empfiehlt sich folgende Gliederung: Zunächst werden die Hauptakteure der Varusniederlage, der römischen Okkupation und der Germanicusfeldzüge, Arminius und Varus, vorgestellt, wobei ihre heute nachvollziehbaren Wirkungsstätten auf dem Gebiet der Germania Magna betrachtet werden. Es folgt eine Erörterung der Varuskampfstätten, in der die literarischen Aussagen über den Verlauf der Niederlage dargestellt und im Anschluss die heute aufgrund der neuen Funde plausiblen Örtlichkeiten diskutiert werden.

Wir erörtern dann die Stätten der römischen Herrschaft, an denen sich der germanische Widerstand in den Jahren nach 9 n. Chr. entlud, sowie die Örtlichkeiten der Germanicusfeldzüge, die im Wesentlichen nach dem ausführlichen Bericht des Tacitus zu rekonstruieren sind. Darauf werden die Folgen des römischen Rückzugs auf den Rhein und die Donau sowie die Glorifizierung der Arminiuserfolge dargelegt. Die wichtigsten Orte mit Dauerausstellungen zum Thema werden am Ende aufgelistet.

Bei der Entstehung dieses Buches habe ich von einem interdisziplinären Seminar profitiert, das im Wintersemester 2013/14 in Erlangen von meinen Kolleginnen Michaela Konrad (Bamberg), Doris Mischka (Erlangen) und mir mit Studierenden aus Bamberg und Erlangen abgehalten wurde. Mein Dank gilt allen Beteiligten. Zudem danke ich Frau Constanze Holler, Frau Nicola Weyer und Herrn Dr. Jürgen Kron vom Theiss-Verlag für die Unterstützung bei der Veröffentlichung. Die Korrekturlesungen übernahm dankenswerterweise Frau Christina Sponsel, die Registerarbeit freundlicherweise Frau Daniela Eckstein (beide Erlangen).

Erlangen, August 2014 *Boris Dreyer*

1. Historische Zusammenhänge und Aktionsorte der Hauptpersonen

Arminius

Die Hauptperson auf germanischer Seite ist sicherlich Arminius (s. Abb. 1). Sein Nachruhm steht im diametralen Gegensatz zu den verlässlichen Nachrichten über sein Leben (P. Kehne 2009), besonders für die Zeit vor und nach der „Kernzeit seines Wirkens“ zwischen 9 und 16 n. Chr. Die verlässlichsten Informationen bietet Tacitus anlässlich der schon angeführten Gesamtwürdigung im zweiten Buch der „Annalen“ (Tac. Ann. 2,88,2): „Er wurde 37 Jahre alt, für 12 Jahre hatte er die Führung inne, und noch bis heute wird er bei den barbarischen Stämmen besungen.“ Probleme ergeben sich dann, wenn es darum geht, diese Zahlen richtig anzusetzen. Tacitus bietet diese Notiz über Arminius unter dem Jahr 19 n.Chr., im Zusammenhang mit dem Bericht über das Schicksal des Marbod nach der Vertreibung aus seinem Königreich, nachdem er im Kampf gegen die Koalition des Arminius den Kürzeren gezogen hatte. Da alle Ereignisse in Germanien nach dem römischen Rückzug auf den Rhein Ende 16 n. Chr. weder räumlich noch zeitlich exakt einzuordnen sind, haben wir auch hier Schwierigkeiten, das Todesjahr als Ausgangspunkt der Rechnung des Tacitus korrekt anzusetzen. Arminius' Tod wird sich wohl zwischen 19 und 21 n. Chr. ereignet haben. Dann ist er zwischen 19 und 17 v. Chr. geboren worden (das Jahr Null hat es nicht gegeben). Bei inklusiver Rechnung, die bei antiken (römischen) Kalkulationen immer möglich ist, wäre er zwischen 18 und 16 v. Chr. geboren. Diese Alternative führt jedoch für seine Dominanz unter den germanischen Stämmen zu unwahrscheinlichen Daten. Aber auch bei exklusiver Rechnung scheiden einige Möglichkeiten eher aus: So erscheint das Jahr 19 n. Chr. als Todesjahr eher unwahrscheinlich, weil er dann im Jahr 7 n. Chr. die Führung der germanischen Stämme übernommen hätte, als die römische Herrschaft noch fest etabliert war. Folglich haben sich das Jahr 21 und das Jahr 20 als Todesdatum etabliert, die beide auf das Jahr 9 bzw. 8 n. Chr. zurückführen, als Arminius nach seiner Rückkehr nach Germanien die Führung der Stämme übernahm (H. von Petrikovits 1966).

Er ist in eine adlige Familie der Cherusker, der „Hirschleute“, hineingeboren worden, die zwischen Weser und Elbe siedelten. Seine Familie war mit anderen adligen Familien des Stammes verbunden, welche die Geschehnisse auf germanischer Seite in den entscheidenden Jahren maßgeblich bestimmten:

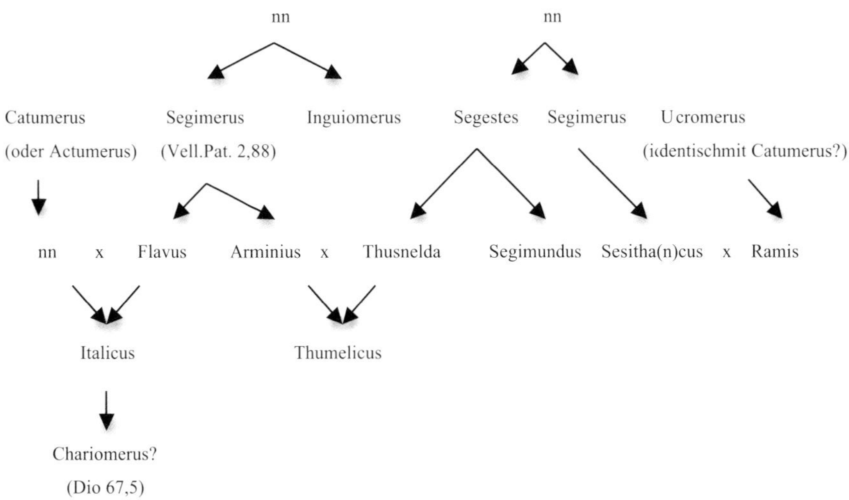

Die Familie hatte zu jenen führenden Familien gehört, die sich im Jahre 8 v. Chr. zusammen mit den Adligen der anderen Stämme zwischen Rhein und Weser Tiberius unterworfen hatten, als dieser seinem verstorbenen Bruder im Oberkommando über die Rheinlegionen nachfolgte. Als Unterpfand der Treue hatten diese Familien junge Familienmitglieder zu stellen – so auch die beiden Söhne des Segimer, die später Flavus und Arminius genannt wurden.

Die Römer behandelten die Geiseln in der Regel gut, denn sie waren darauf angewiesen – gerade in Gegenden, in denen halbnomadische Stammesgesellschaften, auch wenn sie unterworfen waren, sonst kaum kontrolliert werden konnten –, dass privilegierte Kommunikationspartner mit großem Einfluss in diesen Gebieten die Interessen Roms wahrnahmen. Man hatte also um diese jungen Geiseln zu werben, sie von den Vorteilen der römischen Lebensweise zu überzeugen. Ebendies geschah auch mit Arminius und seinem Bruder, die vermutlich den Weg nach Rom fanden und römisch erzogen wurden. Zur Erziehung gehörte die Rhetorik, die

Arminius später in den heimatlichen Versammlungen den Standesgenossen überlegen machte. Beide Brüder schienen sich voll und ganz der römischen Kultur ergeben zu haben, wenn man von den römischen Namen her Rückschlüsse vornehmen darf, obwohl die Herkunft des Namens Arminius (< Armenius?) nicht sicher geklärt werden kann. Außerdem sprachen sie Latein und dienten im Heer. Velleius Paterculus, der äußert, dass er Arminius aus dem Militärdienst persönlich kannte, wird ihn höchstwahrscheinlich im Rahmen der Tiberiuskommandos zwischen 5 und 8 n. Chr. kennengelernt haben. Es ist also durchaus möglich, dass er ihm bereits in Germanien, nach dem *immensum bellum* begegnet ist. Wahrscheinlicher ist jedoch, dass ein Zusammentreffen erst später, im Rahmen des abgebrochenen Angriffs auf das Marbodreich und dann während des Pannonischen Aufstandes 6 bis 9 n. Chr., stattgefunden hat. Velleius, eine unserer wichtigsten Quellen über diese Zeit, wusste daher, dass Arminius für einen Germanen ungewöhnlich intelligent war (Vell. Pat. 2,118,2). Seine Darstellung ist stark vom typisch römischen Überlegenheitsgefühl gegenüber Barbaren und vom Wissen um die Niederlage des Jahres 9 n. Chr. geprägt.

„Es gab damals einen jungen Mann aus vornehmem Geschlecht, der tüchtig im Kampf und rasch in seinem Denken war, ausgestattet mit einem beweglicheren Geist als er den Barbaren üblicherweise eigen ist. Er hieß Arminius und war der Sohn des Segimer, eines Fürsten jenes Volkes. In seiner Miene und in seinen Augen spiegelte sich sein feuriger Geist."

Arminius konnte wie sein Bruder militärische Erfahrung sammeln. Gerade die Erfahrungen als Rekrut und dann als Befehlshaber einer Auxiliareinheit in Pannonien waren folgenreich, da er die Schwächen einer römischen Armee im Partisanenkampf unter ungünstigen geographischen und klimatischen Bedingungen studieren konnte.

Gegen Ende des Pannonischen Aufstandes, als die Niederwerfung nur noch eine Frage der Zeit war, wurde Arminius etwa im Jahre 8 n. Chr. versetzt, vermutlich nach Xanten. Er hatte inzwischen eine wichtige Funktion zu übernehmen, als Nachkomme einer adligen Familie des wichtigsten der unterworfenen Stämme rechts des Rheins. Die Cherusker sollten einen ähnlichen privilegierten Status erhalten wie die Haeduer im von Caesar besiegten Gallien oder später die Remer in der Belgica.

Er wurde Verbindungsmann im Stabe des Varus, des neuen Oberkommandeurs in Germanien, der seit 7 n. Chr. einen neuen, verschärften Kurs der Provinzialisierung in den geplanten germanischen Provinzen durchführen sollte.

Inzwischen hatte sich aber in Germanien angesichts des neuen Kurses, der die sanftere Politik der Lockungen ablöste, viel Unzufriedenheit angestaut. Wem würde Arminius folgen, dem Ruf der Landesgenossen oder dem nahezu magnetischen Sog seiner Karriere in römischen Diensten? Er gehörte im Jahre 8 n. Chr. zum römischen Establishment, nachdem er von Augustus in den Ritterstand erhoben worden war. Bei seiner Rückkehr an den Rhein führte er als ritterlicher Präfekt eine Auxiliareinheit, in der eigene Landsleute vor allem seines Stammes, aber auch benachbarter Stämme Aufnahme fanden. In dieser Funktion war er wohl in Xanten stationiert.

Hier dienten die Auxilien als ortserfahrene Einheiten, die zugleich als Unterpfand der Treue von den unterworfenen Stämmen eingezogen worden waren. Derartige Maßnahmen sollten die noch junge römische Herrschaft unterstützen, da sich die Kontrolle der germanischen Stämme zumindest direkt nach der Unterwerfung aufgrund der geographischen und klimatischen Bedingungen als besonders schwierig erwies.

In Xanten war die römische Armee (mit etwa drei Legionen) in der Nähe der Mündung der Lippe in den Rhein stationiert. Das Legionslager befand sich auf dem Fürstenberg, den Augustus zwischen 16 und 12 v. Chr. als idealen Ort ausersehen hatte. In der Nähe gründete später Kaiser Trajan (98–117 n. Chr.) eine Kolonie (Colonia Ulpia Traiana [CUT]), die in der mittleren Kaiserzeit nach Köln (Colonia Claudia Ara Agrippinensium) und Trier (Augusta Treverorum) zur drittgrößten Stadt nördlich der Alpen avancierte.

Arminius hatte in Xanten eine besondere Rolle als Berater der römischen Vertreter in Germanien übernommen. Er wurde zur Vertrauensperson des Varus, der ab 7 n. Chr. den Oberbefehl über die niedergermanische Armee in Xanten und in den anvisierten germanischen Provinzen übernommen hatte, zusammen mit Asprenas als Legaten in Mainz mit mindestens zwei Legionen. Varus vertraute ihm mehr als allen anderen Germanen in seiner Umgebung, die ihn auch wegen ihrer persönlichen Feindschaft gegenüber Arminius warnen wollten – mit fatalen Auswirkungen im Jahre 9 n. Chr.

Varus

Als Varus auf Befehl des Augustus in Germanien das Oberkommando übernahm, hatte er nicht nur eindeutige Aufträge im Gepäck und eine lange erfolgreiche Karriere hinter sich. Er befand sich auch in einer wichtigen Stellung, da er nunmehr in einem noch nicht vollständig herrschaftlich erschlossenen und durchorganisierten Gebiet mit nicht weniger als fünf Legionen über eine große Macht verfügte. Es handelte sich um eine Vorzugsposition, die Augustus nach der Etablierung seiner Monarchie in der Regel nur Mitgliedern seiner Familie zu gewähren gewillt war.

Seit 27 v. Chr. hatte er nach dem Sieg im Bürgerkrieg seine umfassende militärische Macht zum Ausbau einer auf Dauer ausgerichteten monarchischen Stellung genutzt: Mit dem Auftrag der Befriedung und Verteidigung hatte Augustus, wie er von da an ehrenhalber hieß, für die Befriedung der Provinzen und die Verteidigung der Grenzen zu sorgen. Er erhielt dafür den Befehl (*imperium proconsulare*) auf Zeit – später gar eine übergeordnete Befehlsgewalt (*imperium proconsulare maius*) – über unbefriedete Grenzen und Gebiete, in denen Legionen stationiert waren. Seine exklusiven „außenpolitischen" Kompetenzen, die aus republikanischen Traditionen hergeleitet und durch privilegierte Amtsbefugnisse in Rom abgestützt waren (Konsulat, ab 23 v. Chr. *tribunicia potestas*), waren an den Erfolg gekoppelt. Folglich konnten Niederlagen gegen auswärtige Gegner und Unruhen in den Provinzen die Macht des ersten Mannes (des *princeps*) in ihren Grundfesten erschüttern.

Die Reihen der senatorischen Familien, welche das Geschick der Republik bestimmt hatten, waren in den 100 Jahren römischer Bürgerkriege sowie nach zwei Pogromen unter Sulla und unter den Triumvirn Antonius, Lepidus und Octavian (Augustus) erheblich ausgedünnt worden. Gleichwohl war Augustus klug genug, mit dem inzwischen ziemlich handzahmen Senat Frieden zu schließen, da dieser seiner Alleinherrschaft als republikanisches Relikt Legitimation verleihen und zugleich das kompetente personale Reservoire zur Verwaltung dieses riesigen Reiches stellen konnte. Im Zuge der Einigung mit dem Senat erhielt dieses altehrwürdige Gremium ab 27 v. Chr. formal auch alle Kompetenzen zurück (so z. B. das Budgetrecht) und verwaltete die befriedeten Provinzen, in denen allerdings dann auch keine Legionen standen.

Seine Mitglieder, die demselben Stand entstammten wie der Princeps Augustus, verfügten jedoch über die ihrem Stand und ihrer Stellung entsprechende Autorität; folglich drohte dem ersten römischen Monarchen immer noch Gefahr gerade aus diesem Stand, wenn ein Senator Kontrolle über Truppen und Ressourcen erhielt. Der Zugang zu wichtigen Provinzen war ihnen daher verwehrt – zu diesen zählte die für die Verpflegung Roms wichtige Provinz Ägypten, die daher auch nur von einem Mitglied des Ritterstands verwaltet wurde.

senatorische Provinzen a) konsularisch	senatorische Provinzen b) prätorisch	»kaiserliche« Provinzen a) konsularisch	»kaiserliche« Provinzen b) prätorisch	»kaiserliche« Provinzen c) prokuratorisch
1) Africa 2) Asia	1) Hispania Baetica 2) Gallia Narbonensis 3) Sicilia 4) Macedonia 5) Achaia 6) Creta/Cyrene 7) Cyprus 8) Pontus/Bithynia	1) Hispania Tarraconensis 2) Militärdistrikt Germania superior 3) Militärdistrikt Germania inferior 4) Dalmatia 5) Pannonia 6) Moesia 7) Syria	1) Lusitania 2) Sardinia/Corsica 3) Gallia Aquitania 4) Gallia Lugdunensis 5) Gallia Belgica 6) Galatia 7) Cilicia	1) Alpes Maritimae 2) Alpes Cottiae 3) Alpes Poeninae 4) Raetia 5) Noricum 6) Thracia Sonderstatus: Aegyptus

31 Provinzen/Militärdistrikte mit insgesamt 25 Legionen, davon:
4 Legionen in: Germania superior, Germania inferior, Syria
3 Legionen in: Hispania Tarraconensis, Pannonia
2 Legionen in: Dalmatia, Moesia, Aegyptus
1 Legion in: Africa

Karte 2 Römische Provinzen unter Augustus (Stand 14 n. Chr.).

Diese stets präsente Gefahr erklärt auch, warum der Princeps für heikle Aufgaben und große Kommandos nur Mitglieder der eigenen Familie einsetzte: Seine Stiefsöhne, die Söhne seiner Gattin Livia, Tiberius und Drusus, hatten etwa die mit großem Truppenaufgebot betriebene Eroberung des Voralpenraums übernommen. Beide übernahmen wichtige Aufgaben gerade im Norden, bei der Eroberung und Sicherung der Germania Magna sowie Pannoniens.

Varus war schon zu Beginn der militärischen Karriere der Adoptivsöhne in der engsten Umgebung des Augustus und des Tiberius anzutreffen. Als *Quaestor Augusti* wurde er 22 v. Chr. in Tenos und in Pergamon geehrt und begleitete Augustus vielleicht auf dessen Orientreise (22–19 v. Chr.). Danach wird er irgendwann *Praetor* gewesen sein. Als *Legat* des Tiberius ist er dann 15 v. Chr. bei der Heeresgruppe belegt, die von Südwesten her den Stämmen des Voralpenlandes auf den Leib rückte. Er war Befehlshaber der 19. Legion in Dangstetten, der Beschriftung einer Bleischeibe nach zu schließen (H.U. Nuber 2009).

Von Süden her rückte derweil Drusus, der jüngere Bruder des Tiberius, vor. Der bereits im Jahre 16 v. Chr. eingeleitete und gut vorbereitete Feldzug erreichte daher auch bald sein Ziel, die Gebiete bis zur Donau zu unterwerfen. Ein Monument (*tropaeum Alpium* in La Turbie, Frankreich) kündete ebenso wie entsprechende Münzbeschriftungen stolz von den unterworfenen Völkern und den Ehren für Tiberius und Drusus. Einen Anteil am Erfolg hatte sicherlich auch Varus, der dafür vielleicht das neu eroberte Gebiet auch verwaltete, bis er gemeinsam mit Tiberius im Jahre 13 v. Chr. den Konsulat bekleidete. Schon dies zeigt, dass er der Familie des Princeps nahestand.

Durch seine Ehen wurde diese Nähe in eine feste Form gegossen: Seine zweite Frau, Vipsania Marcella, war die Tochter des Agrippa, welcher der engste Vertraute des Augustus war und bis 13 v. Chr. (also bis zu seinem Tode) beste Chancen auf die Nachfolge in der Position des Augustus hatte. In der dritten Ehe war Varus mit Claudia Pulchra, der Tochter des Marcus Valerius Messalla Barbatus Appianus und der Claudia Marcella der Jüngeren, verheiratet. Varus hatte damit in der Folge zwei Großnichten des Augustus geehelicht. Seine Schwester war darüber hinaus mit Asprenas liiert, der ebenfalls in enger Verbindung zum Princeps stand und als Legat Varus nach Germanien folgte. Asprenas bewährte sich nach der Niederlage des Varus und dem Untergang seiner drei Legionen (der 17., 18. und 19. Legion), indem er mit den verbliebenen zwei Legionen den Rhein so lange sicherte, bis Tiberius diese Aufgabe (bis 12 n. Chr.) übernahm. Eine weitere Schwester hatte sehr wahrscheinlich Sextus Appuleius zum Ehemann, der ein Neffe des Augustus war und in einer wichtigen Übergangsphase als Vertrauter des Princeps im Jahre 29 v. Chr. den Konsulat bekleidete, als es darum ging, die oben angesprochene Einigung mit dem Senat nach dem Sieg des Augustus im Bürgerkrieg auszuhandeln.

Es versteht sich, dass Varus daher ohnehin ein guter Kandidat für wichtige Aufgaben im Reich war, bei denen er sich auch bewährte: Um 9–8 v. Chr. hatte er die Statthalterschaft in Africa Proconsularis inne, in der nach Asia wichtigsten Provinz des Senats (s. Abb. 2). Darauf wurde er zwischen 7/6 und 5/4 v. Chr. zur Lösung schwieriger Aufgaben als kaiserlicher Statthalter in Syrien (*legatus Augusti pro praetore provinciae Syriae*) eingesetzt, wo er bereits über nicht weniger als drei Legionen verfügte. Als Herodes seinen Sohn Antipatros wegen Mordversuchs anklagte, war er der Richter. Er griff in die Erbauseinandersetzungen der drei Söhne des Herodes nach dessen Tod ein und sandte diese nach Rom, wo Augustus die Entscheidung fällte. Bis dahin hielt er alle Optionen offen, indem er verhinderte, dass der Schatz des Verstorbenen konfisziert wurde. Einen Aufstand in Palästina warf er in sechs Monaten blutig nieder und ließ 2000 Aufständische kreuzigen. Gleichwohl ließ Velleius Paterculus prinzipiell – auch hinsichtlich seiner Rolle als Statthalter von Syrien – kein gutes Haar an ihm, mit dem Wissen um seine Rolle bei der Niederlage in Germanien:

„Die Ursache der Katastrophe sowie die Person des Heerführers machen es erforderlich, dass ich hierbei kurz verweile. Quintilius Varus stammte aus einer angesehenen, wenn auch nicht hochadligen Familie. Er war von milder Gemütsart, ruhigem Temperament, etwas unbeweglich an Körper und Geist, mehr an müßiges Lagerleben als an den Felddienst gewöhnt. Dass er wahrhaft kein Verächter des Geldes war, beweist seine Statthalterschaft in Syrien: Als armer Mann betrat er das reiche Syrien, und als reicher Mann verließ er das arme Syrien. Als er Oberbefehlshaber des Heeres in Germanien wurde, bildete er sich ein, die Menschen dort hätten außer der Stimme und den Gliedern nichts Menschenähnliches an sich, und die man durch das Schwert nicht hatte zähmen können, die könne man durch das römische Recht lammfromm machen.“ (Vell. Pat. 2,117,1–3)

Die Tätigkeit vieler römischer Statthalter wurde von ihren innenpolitischen Gegnern auf diese Weise überspitzt beschrieben. So können wir diese beliebte Formel angemessen einordnen, wenngleich dies Varus nicht von allen egoistischen Motiven freisprechen soll. In jedem Fall übte Velleius Paterculus mit dieser Wertung auch Einfluss auf moderne Forscher aus. So hat auch Theodor Mommsen das Unglück der drei Legionen in Germanien im Jahre 9 n. Chr. insbesondere auf die Unfähigkeit der militärischen Führung zurückgeführt.

Augustus wird Varus jedoch nicht mit den schwierigen Verhältnissen in Syrien betraut haben, wenn er ihn für unfähig gehalten hätte. Auch der Umgang mit der Erhebung in Palästina und die Zusammenarbeit mit Augustus bei der Lösung der Erbschaft des Herodes haben ihn in den Augen des Augustus eher für die anstehenden Aufgaben am Rhein in einer für das Reich schwierigen Zeit empfohlen. Die gleichzeitige Einsetzung des Asprenas in Mainz scheint vielmehr für den Princeps eine ideale Lösung für die genauen, wenn auch schwierigen Aufgaben gewesen zu sein, die er Varus mitgab und die eine enge Abstimmung erforderten.

Diese ist auch dadurch belegt, dass Varus allein – vom Princeps abgesehen – gesichert die Erlaubnis hatte, in seinem eigenen Namen Spenden an die Soldaten vorzunehmen:

Neben Münzen, die den Gegenstempel „IMP“ und „AVC“ für den Princeps aufweisen, tragen viele Kupfermünzen aus der Zeit seiner Tätigkeit in Germanien einen Gegenstempel mit dem Kürzel „VAR“ (= Varus). Derartige Stempel sind Ausweis von Zuwendungen an die Soldaten, die zugleich an den Spender erinnern und damit die Loyalität bekräftigen sollten. Wenn andere Personen als der Princeps die Erlaubnis hatten, ihren eigenen Namen aufzuprägen, dann nur solche, denen der Princeps vertrauen konnte.

Als Varus erneut als *legatus Augusti pro praetore provinciae* für die geplanten Provinzen im Gebiet zwischen Rhein und Elbe von Augustus ausgesandt wurde, steckte das Reich in einer Krise, die einen Politikwechsel zur Folge hatte. Bislang hatte man die unterworfenen germanischen Stämme eher mit den Vorzügen der römisch-mittelmeerischen Städtekultur behutsam locken wollen.

Cassius Dio, ein Historiker severischer Zeit, der weit nach den hier beschriebenen Ereignissen, um 200 n. Chr., seine römische Geschichte abfasste, aber immerhin für diesen Bericht über die römische Herrschaft in Germanien und die Niederlage des Varus einen guten zeitgenössischen Bericht zur Verfügung hatte, beschreibt die römische Politik vor Varus' Oberkommando, die wir im Weiteren noch näher erörtern werden (s. Cass. Dio 56,18):

„Ich möchte ... die folgenden Ereignisse, die sich zu dieser Zeit in Germanien zutrugen, referieren. Die Römer hielten Teile davon, die nicht zusammenhängend waren, sondern vielmehr wie sie sie gerade zufällig unterworfen hatten. Deswegen war auch nichts davon eines Erinnerungsberichtes wert. Und Soldaten von diesen [Römern] überwinterten dort, und Städte [griech.: poleis] wurden gegründet. Und die Barbaren glichen sich ihrer Lebenswelt an, sie gewöhnten sich an Märkte und hielten friedliche Versammlungen ab. Sie hatten aber keineswegs ihre alten Sitten, die angestammten Bräuche, die selbständige Lebensführung und die Möglichkeit des Waffengebrauchs vergessen. Und deswegen, solange sie in kleinen Schritten und bei Wege unter Anleitung darin umlernten, wurden sie nicht durch die Veränderung der Lebensführung aufgebracht und veränderten sich, ohne dass sie es merkten. Als aber Quintilius Varus den Oberbefehl über Germanien antrat ..., drängte er sie, sich schneller zu wandeln. Auch das Übrige schrieb er ihnen vor, als ob sie Sklaven wären, und er presste Gelder wie bei Unterworfenen aus."

Auch die übrigen Quellen sprechen von einer verschärften Gangart des neuen Oberbefehlshabers, die insbesondere durch die Anwendung der römischen Rechtsprechung gekennzeichnet war. So Velleius Paterculus (Vell. Pat. 2,117,4): „Mit diesem Vorsatz ging er [Varus] ins Innere Germaniens wie zu Menschen, die sich an den Annehmlichkeiten des Friedens erfreuten, und zog die Sommerkampagne mit Rechtsprechung und formvollendeter Verhandlungsführung hin."

Florus berichtet (Flor. 2,30): „Aber es ist schwieriger, Provinzen zu halten als diese zu schaffen. Durch Streitkräfte unterwirft man sie sich, durch Rechtsprechung erhält man sie aufrecht. Folglich dauerte die Freude kurz. Denn die Germanen waren eher besiegt als bezwungen. Unter dem Oberbefehl des Drusus achteten sie unsere Sitten höher als unsere Waffen. Nachdem jener verstorben war, begannen sie, die Willkür und den Hochmut des Quinctilius Varus ebenso zu hassen wie seine Grausamkeit. Er erdreistete sich, Gerichtstage abzuhalten, und sprach unsensibel Recht, als ob er das gewaltsamen Gemüt der Germanen durch die Stäbe der Liktoren und durch die Stimme des Herolds bezähmen könnte. Jene jedoch, die schon länger darüber trauerten, dass ihre Schwerter Rost ansetzten und ihre Pferde träge würden, ergriffen, als sie die Togai (römische Kleidung) und die Rechtsprechung als schädlicher empfanden als die (römischen) Waffen, unter der Führung des Arminius die Waffen."

In der Wahrnehmung der Germanen dominierten unter Varus zunehmend römische Rutenbündel als Kennzeichen der Einführung römischer Rechtsprechung. Ebenso sprach nach Tacitus Arminius im Jahre 15 n. Chr. rückblickend auf die römische Herrschaft. Er prangerte das nach seiner Ansicht verräterische Verhalten seines Schwiegervaters Segestes in einer (indirekt referierten) Rede vor den Germanen an, der gerade mit seiner Gattin Thusnelda gegen ihren Willen zu den Römern übergelaufen war (Tac. Ann. 1,59,2–6):

„Das sei ein hervorragender Vater, ein großer Imperator, ein tapferes Heer, das mit so vielen Händen ein einziges schwaches Weib fortgeschleppt habe. Vor ihm [sc. Arminius] seien drei Legionen und ebenso viele Legaten auf die Knie gesunken. Nicht mit Verrat, nicht gegen schwangere Frauen führe er Krieg, sondern offen gegen einen bewaffneten Feind. Immer noch sehe man in den Hainen der Germanen die römischen Feldzeichen, die er als Weihgabe für die heimischen Götter aufgehängt habe. Möge Segestes das unterworfene Ufergebiet bewohnen, seinem Sohn wieder das Priesteramt verschaffen. Die Germanen werden sich nie damit abfinden, dass sie zwischen Elbe und Rhein Rutenbündel, Beile und die Toga gesehen haben. Andere Völker, die nicht mit der römischen Herrschaft konfrontiert worden sind, wissen nichts von Gerichten und Tributen: Diese Zeichen der Knechtschaft hätten sie ja nun abgeschüttelt. Weiter seien jener unter die Götter versetzte Augustus und jener als Nachfolger auserwählte Tiberius unverrichteter Dinge abgezogen. Darum sollten sie auch jetzt nicht vor einem unerfahrenen, ganz jungen Mann [Germanicus], vor einem meuternden Heer in Angst geraten. Wenn ihnen Vaterland, Eltern, die alten Verhältnisse höher stehen als Zwingherren und neue Ansiedlungen [*coloniae novae* = vgl. bei Cass. Dio 56,18 poleis], sollten sie lieber dem Arminius, dem Führer zu Ruhm und Freiheit, als dem Segestes, dem Führer zu schändlicher Knechtschaft folgen."

Wenn nun Varus in enger Abstimmung mit Augustus die Zeit entgegen anders lautender Berichte für reif hielt, in Germanien die Provinzialisierung voranzutreiben, hatte er sich verschätzt. In jedem Fall zwangen aber äußere, nicht in Germanien selbst liegende Gründe zu diesem verschärften Kurs.

Für die Germania Magna war die Einrichtung von mindestens zwei Provinzen geplant. Das legen nicht nur die späteren Regelungen der flavischen Zeit nahe, als man zur Vertuschung der tatsächlichen Aufgabe der rechtsrheinischen Gebiete die zwei bis dahin existierenden Militärbezirke von Nieder- und Obergermanien in Provinzen umwandelte. Sie sind ebenfalls geographisch durch die zwei großen Flussstraßen ins Innere Germaniens, die Lippe und den Main, angelegt. An deren Mündungen waren vom Beginn der Eroberung des westelbischen Raumes an (ab 12 v. Chr.) bei Mainz und Xanten die beiden germanischen Heere stationiert. Diese dienten noch in der Kaiserzeit als „*commune subsidium*" (Tac. Ann. 4,5,1) zur Verteidigung nach Osten und zur Aufrechterhaltung von Friede und Ordnung im gallischen Raum. Der administrative Aufbau der anvisierten germanischen Herrschaftsbereiche war schon weit gediehen, als nach der Diktion des Tacitus im Jahre 9 n. Chr. „germanische[n] Provinzen (!) abfielen" (*Germaniae descivere*, Ann. 1,57,2; vgl. 11,19,3).

Nach dem Vorbild der Provinzen im Osten, in denen alte griechische Bundesstaatenstrukturen (Sg.: *Koinon*) u.a. zur Organisation des Loyalitätskultes gegenüber dem römischen Kaiser eingesetzt wurden, wurden auch im Westen vergleichbare Institutionen geschaffen, die gleich mehrere Provinzen umfassten: An den Orten, an denen die Loyalitätskulte eingerichtet wurden, fanden auch die Landtage (*concilia*) der unterworfenen Stämme (*civitates*) statt, die als Zwischeninstanz zur Kontrolle der Statthalter und der (Finanz-)Procuratoren dienen sollten. Eine solche Institution wurde in Lugdunum (Lyon) für einen Geltungsbereich der „tres Galliae", der drei gallischen Provinzen, und für die germanischen Untertanen bis zur Gründung des Loyalitätskultes im *oppidum Ubiorum* (später Köln) eingerichtet. Dort war dann auch der Landtag der germanischen Stämme untergebracht. Als Erzpriester (*sacerdos*) wurde ein adliges Mitglied des privilegierten Cheruskerstammes, Segimundus, der der Sohn des Segestes war, „gewählt" (*creatus*, vgl. aber oben Zitat Tac. Ann. 1,59).

Zur verschärften Gangart des Varus, die vom langsamen Kurs der unmerklichen und behutsamen Annäherung an die Vorteile der römischen Kultur abwich, gehörte neben der Rechtsprechung und der rigoroseren

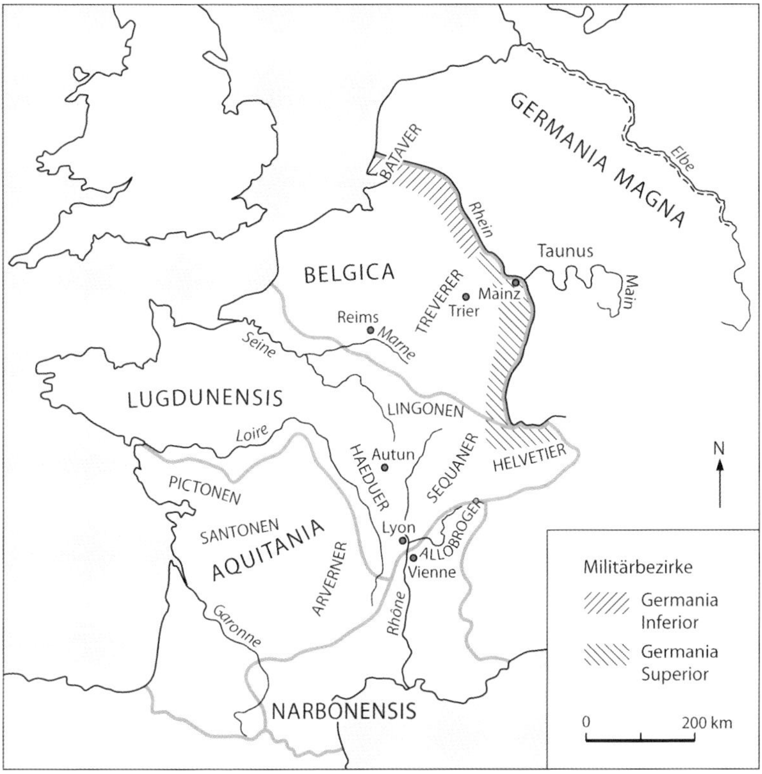

Karte 3 Die drei gallischen Provinzen *(Tres Galliae)* seit 16/13 v. Chr.

Steuerpolitik eine verstärkte Präsenz römischer Truppen in Germanien. Dabei hielt der Oberbefehlshaber – auf Einladung der Germanen zumindest im Jahre 9 n. Chr. – die Truppen nicht zusammen, sondern verteilte sie im angeblich befriedeten Land auf die Gemeinden, welche die Soldaten anforderten. Diese Anforderungen waren bereits ein Teil des germanischen Aufstandsplanes.

Doch gab es auch ‚außenpolitische' Gründe für die Präsenz der drei Legionen des Varus „an der Weser" (Cass. Dio 56,18,5) und der zwei Legionen seines Legaten Asprenas etwas südlicher: Mit dem Sieg der Römer über die Germanen im Jahre 8 v. Chr. war eine Stämmewanderung zum Teil unter römischer Beobachtung verbunden, nach literarischer Überlieferung unter der Oberaufsicht von Lucius Domitius Ahenobarbus um die Zeitenwende. Auch nach Osten wanderten Stämme ab:

Die Quaden und Markomannen, die sich nach der Niederlage des Ariovist gegen Caesar von dem Gesamtverband der Sueben getrennt hatten und danach im Bereich des Mittelmains siedelten, zogen nun nach Osten, die Markomannen etwa in den böhmischen Kessel und die Quaden südlicher davon, nahe der Donau.

Um diese Wanderung zu kontrollieren, bauten die Römer in strategisch guter Lage südlich und mit direktem Blick auf das Mainknie bei Marktbreit ein kleines Lager, das als Beobachtungsposten diente. In das Gebiet der abziehenden Stämme zogen die Hermunduren, die später im Grenzverkehr nördlich der Donau privilegiert Handel treiben konnten.

Die Stämme, die nach Osten zogen, kamen in bewohntes Gebiet (s. Karte 13, S. 76). Dort gab es Reste der ursprünglich keltischen Besiedlung, diejenige der Boier etwa. Es scheint so, als ob die keltische Besiedlung dort wie auch im süddeutschen Raum – hier sind die Befunde des Oppidums von Manching bei Ingolstadt am aussagekräftigsten, die von einer langen Zeit des Niedergangs zwischen 80 und 30 v. Chr. zeugen – schon seit einiger Zeit davor rückläufig war.

Der Grund ist nicht leicht ersichtlich. Caesar berichtet immerhin davon, dass auch rechts des Rheins die Kelten schon lange im Abwehrkampf gegen die vordringenden Germanen standen. Vielleicht ist so auch der Rückgang der keltischen Besiedlung im späteren Siedlungsgebiet der Markomannen zu erklären. In jedem Fall ist diese Ostbewegung ab 8 v. Chr. aus dem Maingebiet auch archäologisch in den Formen der materiellen Hinterlassenschaft in dem Gebiet ablesbar (P. Kehne/V. Salač 2009), das den literarischen Quellen zufolge weitgehend verlassen war (Strab. 7,1,3 f.; Vell. Pat. 2,108,1 f.).

Die genaueren Umstände des politischen Aufstiegs des Marbod, der nachher in einem Herrschaftszentrum, in einer *regia*, die *Marboduum* genannt wurde (Strab. 7,1,3; Tac. Ann. 2,62,2; Claud. Ptol. 2,11,14), residierte und sich König nannte, liegt weitgehend im Dunkeln. Sein Aufstieg, den die Römer zumindest am Anfang selbst begünstigt hatten, emanzipierte ihn in jedem Fall von der direkten römischen Kontrolle. Sein Machtbereich reichte schließlich im Jahre 6 n. Chr. im Süden von der Donau bis fast zur Ostsee, nachdem sich ihm auch die Semnonen und die Langobarden, die bis 8 v. Chr. an beiden Seiten der Elbe siedelten, angeschlossen hatten. Tiberius hatte trotz aller Bemühungen im Jahre 5 n. Chr. diesen Anschluss nicht verhindern können. Eine weitere Ausdehnung nach Westen in das von den Römern kontrollierte Gebiet war denkbar. Von seinem Einflussgebiet nördlich der Donau lag darüber hinaus der Einfallweg nach Süden über die leicht begehbaren Pässe der Alpen (Birnbaumpass) nach Italien gefährlich nahe.

Im Jahre 6 n. Chr. sollte dieser Gefahr begegnet werden. Von Carnuntum aus überschritt Tiberius mit mindestens sechs Legionen die Donau nach Norden. Gleichzeitig zog Gaius Sentius Saturninus von Mainz aus mit etwa sechs Legionen nach Osten. Marktbreit diente als Zwischenstation: Hier entstand bei dieser Gelegenheit ein Marschlager von kurzer Belegungsdauer in der Größe von 37 ha. Insgesamt war demnach nicht weniger als ein Drittel der gesamten Reichsarmee damit beauftragt, das Marbodreich zu zerstören. Dieser Vorstoß hätte Marbod sicherlich schwer zu schaffen gemacht, wenn nicht gerade zu dieser Zeit im Rücken der römischen Armee, die von Süden vorstieß, in Pannonien (heutiges Bosnien, Bosnien Herzegowina, Teile Serbiens, Nordalbanien) ein Aufstand ausgebrochen wäre.

Der Feldzug musste abgebrochen werden. Ohne dass Marbod einen Schwertstreich hatte führen müssen, war seine Position aufgewertet. Nicht nur, dass Rom sich hatte zurückziehen müssen, Marbods Machtbereich blieb darüber hinaus unbeschadet und befand sich nun in einer Schlüsselstellung direkt nördlich vom gefährlichen Aufstand in Pannonien, der für drei Jahre bis zu 15 Legionen band.

Marbod befand sich auf dem Höhepunkt seiner Macht. Diese Position wurde gleichsam diplomatisch bestätigt, da dem Germanenfürst für sein Stillhalten ein *foedus aequum*, ein Abkommen auf gleichberechtigter Basis, gewährt wurde. Dieses Privileg gewährte Rom nur in seltenen Fällen. Die Auszeichnung wertete Marbod unter den freiheitsliebenden Germanen auf, die noch nicht unter der römischen Kontrolle waren bzw. noch immer von der alten Freiheit träumten. Weiter verschaffte diese römische Garantie der eigenen Herrschaft eine Atempause und eröffnete ihm in der Zeit des Aufstandes in der südöstlichen Flanke alle Optionen. In seinem Interesse musste es außerdem liegen, dass sowohl in Germanien als auch in Pannonien die Verhältnisse möglichst lange unentschieden blieben.

Und es sah für ihn in dieser Hinsicht nicht schlecht aus: Im südlichen Pannonien konnte der Aufstand lange nicht eingedämmt werden. Die Breuker unter der Führung eines Bato bildeten den Kern der Aufständischen. Im Jahre 7 n. Chr. mussten die Römer gar eine furchtbare Niederlage zwischen Drau und Save einstecken, in der fünf Legionen untergingen. Erst als Bato am 3. August 8 n. Chr. kapitulierte, war das Ende des Aufstandes absehbar. Die Verbindungen von diesem Aufstand nach Germanien waren auch gerade in personaler Hinsicht eng. Arminius war hier

– wie gesagt – in einer Auxiliareinheit eingesetzt, ebenso wie der Soldat und Historiker Velleius Paterculus. Die *Legio I Germanica*, die auch in Kalkriese ihre Spuren hinterlassen hat, und die *Legio V Alaudae* wurden nach 7 n. Chr. nach Mainz verlegt und standen fortan unter dem Oberbefehl des Asprenas, des Legaten des Varus. Der Aufstand hatte aber auch darüber hinaus aufgezeigt, wo die römische Armee verwundbar war, auf dem Marsch etwa beim Rückzug in unwegsamem Gelände.

Der Einsatz der Hälfte der Reichsarmee, 15 Legionen, die hohen Verluste und die lange Dauer des Einsatzes bis zur Niederschlagung verschlangen ungeheure finanzielle Mittel. Die Folgen zeigten sich bald, sie reichten bis nach Rom. Es gab Hungerrevolten (hier spielten sicher auch die Unruhen in einzelnen Städten im Reich sowie das Piratenunwesen mit hinein), welche den Aufruhr nach städtischen Bränden und durch Wahlen noch erhöhten. Auch im Kaiserhaus selbst, in der Familie des Princeps, verschärften Skandale die Situation. Augustus musste eingreifen, nicht nur im eigenen Hause. Ausweisungen waren die Folge. Agrippa Postumus, der nach den Regelungen des Jahres 4 n. Chr. weit in der Sukzession hinter Tiberius und Germanicus zurückgefallen war und sich deshalb benachteiligt fühlte, wurde relegiert und später auf der italienischen Insel Planasia (heute: Pianosa) interniert, weil er für eine Verschwörung verantwortlich gemacht wurde. Die Ruhe in der Stadt Rom sollte von nun an durch einen Präfekten aus dem Ritterstand, aus dessen Reihen unter Augustus immer lukrativere Positionen besetzt wurden, sichergestellt werden. Ritter konnten den Princeps im Unterschied zu den Mitgliedern des Senats längst nicht so schnell gefährlich werden. Der Präfekt stand den sieben *cohortes vigilum* vor, die jeweils zwei der 14 städtischen Regionen beaufsichtigten. Zusammen mit der eigenen Garde war dadurch die Stadt Rom, die ansonsten frei von Truppen zu sein hatte, fest in der Hand des Princeps, zumal auch die Garde unter ritterlichem Befehl von zwei Praefecti stand.

Damit waren aber die finanziellen Probleme noch nicht gelöst. Nicht zuletzt deshalb wurde Varus mit dem entsprechenden Auftrag an den Rhein ausgesandt, damit auch die anvisierten germanischen Provinzen endlich einen „Beitrag“ leisteten. Die Germania Magna hatte, seitdem man im Jahre 12 v. Chr. die Feldzüge begonnen hatte, um die sommerlichen Raubzüge germanischer Stämme in die gallischen Provinzen zu beenden, nur Geld gekostet.

Bislang hatte man aus taktischen Gründen in Germanien nach der Kapitulation der Stämme auf die unpopulären Seiten der römischen

Herrschaft verzichtet, die aber auch Geld einbrachten. Im Gegenteil, der Bau von Städten und der Aufbau einer Infrastruktur, welche die Germanen nicht nur kontrollieren helfen, sondern die gerade Unterworfenen auch von den Vorteilen der römischen Kultur überzeugen sollten, kosteten ebenso wie die Präsenz der Truppen die römische Seite nur Geld, wenn man von den Ansätzen einer Ausbeutung der Bodenschätze in Germanien absieht.

Als die Politik der behutsamen Provinzialisierung erste Früchte zu tragen schienen, kam Augustus – unter dem Eindruck des finanziellen Engpasses – zur Überzeugung, dass jetzt bereits die Zeit reif sei, die Zügel anzuziehen: Varus und sein Legat Asprenas forcierten daher die anvisierte Provinzialisierung. Die Steuern wurden jetzt rigoros eingetrieben (Cass. Dio 56,18,3). Die römische Rechtsprechung wurde fortan rücksichtslos angewandt. Nach den Berichten des Cassius Dio, des Florus und des Tacitus waren dies die kennzeichnenden Elemente der römischen Herrschaft seit dem Beginn des Oberbefehls des Varus, die die Unzufriedenheit auslösten.

2. Stätten der Varusniederlage

Literarische Quellen und Theorien

Die Germanen empörten sich über diese verschärfte Herrschaftspraxis. Nach den Berichten entstand eine geheime Opposition, als Varus in den Jahren bis 9 n. Chr. bis weit in den Herbst hinein mit Heeresmacht im Land präsent war und wie in fest etablierten Provinzen Recht sprach (Cass. Dio 56,18,4):

„Dies wollten sie [die Germanen] nicht ertragen, vielmehr verwiesen die Fürsten auf ihre frühere königliche Abkunft, und die Masse zog den gewohnten Zustand der ausländischen Herrschaft vor. Aber sie fielen nicht offen ab, weil sie sahen, dass viele Römer sich in der Nähe des Rheins aufhielten und viele in ihrem Gebiet."

Velleius spricht davon, wie die Germanen diesen politischen Umschwung instrumentalisierten, um ihren Aufstand vorzubereiten (Vell. Pat. 2,118,1):

„Die Leute dort sind aber – wer es nicht erfahren hat, wird es kaum glauben – bei all ihrer Wildheit äußerst verschlagen, ein Volk von geborenen Lügnern. Sie erfanden laufend Streitfälle. Bald schleppte einer den anderen vor Gericht, bald bedankten sie sich dafür, dass das römische Recht ihren Händeln ein Ende mache, dass ihr ungeschlachtes Wesen durch diese neue und bisher unbekannte Einrichtung allmählich friedsam werde und, was sie nach ihrer Gewohnheit bisher durch Waffengewalt entschieden hätten, nun durch Recht und Gesetz beigelegt würde."

Auch im Sommer des Jahres 9 n. Chr. verhielten sich die Germanen auf diese Weise. Arminius, der seit etwa 8 n. Chr. in Xanten stationiert war, befand sich in Begleitung des Oberfehlshabers Varus, der ins Innere Germaniens wie wohl auch in den Jahren zuvor zog. Aber nicht nur er weilte im Sommer dieses Jahres in der Umgebung des Varus: Auch Segestes, der Schwiegervater des Arminius, der zugleich mit ihm privat und politisch verfeindet war, befand sich im Stab des Varus, wenngleich er nicht dasselbe Vertrauen genoss wie sein adliger Stammesgenosse Arminius. Und dieser hatte eindeutige Pläne, von denen schon Zeitgenossen wie Velleius Paterculus zu berichten wussten (Vell. Pat. 2,118,3–4):

„Erst weihte Arminius nur wenige, dann mehrere in seinen Plan ein. Die Römer könnten bezwungen werden, behauptete er – und er war überzeugend. Er ließ den Beschlüssen Taten folgen und legte den Zeitpunkt für den Hinterhalt fest. Dies wurde dem Varus von Segestes hinterbracht, einem loyalen Mann jenes Volkes mit angesehenem Namen. Er forderte Varus auf, die Verschwörer in Ketten zu legen. Aber das Schicksal war schon stärker als die Entschlusskraft des Varus und hatte die Klarheit seines Verstandes völlig verdunkelt … Varus wollte es also nicht glauben und beharrte darauf, die offensichtlichen Freundschaftsbezeugungen der Germanen gegen ihn als Anerkennung seiner Verdienste zu betrachten. Nach diesem ersten Warner blieb für einen zweiten keine Gelegenheit mehr."

Varus glaubte, trotz anders lautender Anzeigen und deutlicher Indizien in den Jahren zuvor, das, was er glauben wollte und worin Arminius und seine Mitverschwörer ihn laufend bestätigten. Ähnlich berichtet Cassius Dio, unsere ausführlichste Quelle nicht nur über den Verlauf der Varusniederlage, sondern auch über die Folgen der Verwerfung der Warnungen des Segestes (Cass. Dio 56,19,3): „So ahnte Varus nicht nur nichts Schlimmes, sondern glaubte auch allen, die argwöhnten, was vor sich ging, und die rieten, auf der Hut zu sein, in keiner Weise. Vielmehr tadelte er sie, dass sie sich umsonst aufregten, und jene schlecht redeten."

So nahm das Verhängnis seinen Lauf (Cass. Dio 56,19,1): „Folglich hielt er nicht die Legionen, wie es üblich war, im Feindesland, zusammen; vielmehr verteilte er viele von ihnen an schwache Gemeinden, die sie anforderten, angeblich für die Bewachung von bestimmten Plätzen, für die Ergreifung von Räubern und für die Begleitung von Verpflegungstransporten …"

Velleius Paterculus, aus dessen Historienwerk wir bereits mehrere Passagen zitiert haben, plante darüber hinaus eine genaue Darstellung des Untergangs des Varus, ein Vorhaben, das er nicht mehr verwirklichte, weil er vermutlich die Säuberungen Sejans ab 30 n. Chr. nicht überstand. Er war ein Anhänger des Tiberius. Folglich werden seine Taten positiv herausgestellt – so etwa die drei Kommandos des Tiberius in Germanien, 8 v. Chr., 5 n. Chr. und 10–12 n. Chr. Die Leistungen der Vertreter aus der Linie seines jüngeren Bruders werden dagegen herabgesetzt, also die militärischen Leistungen des Drusus selbst und dessen Erfolg bei der Niederwerfung der germanischen Stämme zwischen Rhein und Elbe von 12 bis 9 v. Chr., wobei er starb. Es fallen in seinem Bericht gegen den glorreichen Tiberius aber auch die Erfolge von Drusus' Sohn zurück, der den Ehrennamen Germanicus, der dem Vater und seinem ältesten Nachkommen auf Lebenszeit verliehen worden war, geradezu programmatisch führte.

Wir haben mit Velleius also eine zeitnahe Quelle aus der Zeit des Tiberius vor uns, die eine andere Sicht bietet als die eher tiberiusfeindliche Überlieferung der Zeit des Kaisers Claudius (41–54 n. Chr.), welcher der Bruder des später unter ungeklärten Umständen vergifteten Germanicus gewesen war (19 n. Chr.). Dazu gehörte Plinius d. Ä., der 20 Bücher der *Bella Germaniae* geschrieben hatte.

Die spezifische Sicht auf die Germanienkriege äußert sich auch in den Zäsuren, welche die antiken Autoren setzen. Während für die Autoren der tiberianischen Zeit (Velleius Paterculus und Strabon) eindeutig eine Zäsur mit der von Tiberius offen propagierten Beendigung der Germanienkriege von 17–20 n. Chr. vorliegt, bleiben in der claudischen, antitiberianischen Geschichtsschreibung, deren Tendenz Tacitus bei der Schilderung der Germanicusfeldzüge übernimmt und ausgestaltet (14–16 n. Chr.), die Aufgaben in Germanien unvollendet, so dass die Herrscher aus dieser Linie des Herrscherhauses (Caligula und Claudius) sich legitimiert fühlten, wenn sie Germanicus' Eroberungspolitik gegenüber Germanien wieder aufgriffen.

Cassius Dio passt hier nicht erkennbar in das Schema, ausgerechnet der Autor, der am ausführlichsten über die Niederlage des Varus berichtet. Früher wurde der Quellenwert dieses Historikers durchweg negativ beurteilt (E. Schwartz). Heute schätzt man diesen Historiker aus severischer Zeit (Anfang des 3. Jhs. n. Chr.) dagegen positiver ein. So hat Cassius Dio eindeutig für die Schilderung der Niederlage auf eine neue, eigene Quelle zurückgegriffen, denn der Bericht setzt sich merklich von dem Sprachduktus der Passagen dieses Werkes davor ab. Für den Bericht über die Niederlage diente Dio eine informierte lateinische Quelle als Grundlage. Diese zu benennen, fällt freilich schwer, da dieser lateinische Originalbericht nicht mehr vorhanden ist. Ein guter Kandidat wäre Aufidius Bassus, dessen Darstellung über die Germanenkriege bis zur Abberufung des Germanicus reichte, also auch einen Bericht über die Varusniederlage enthielt. Die Darstellung des Dio mag in einigen Begrifflichkeiten etwas ungeschickt das lateinische Original ins Griechische übertragen haben (weil griechische Intellektuelle in der Regel nicht gut Latein konnten) und auch von Topoi (über die geographischen Gegebenheiten, das Wetter und die Germanen selbst) durchsetzt sein. Grundsätzlich ist er jedoch wertvoll – im Gegensatz zum Bericht des Florus.

Dieser Autor hat seine Darstellung über die Niederlage des Varus vornehmlich auf dem Bericht des Historikers Livius, der die römische Geschichte seit der Gründung Roms verfasst hatte, begründet. Florus ist wiederum Grundlage von Rekonstruktionen der Niederlage durch renommierte moderne Historiker wie W. John gewesen. Missachtet wurde jedoch, dass dieser Bericht des Florus, der darüber hinaus in sich widersprüchlich ist, auf einer Analyse beruhte, in welche die genauen Untersuchungen der Römer über die Ursachen der Niederlage im Jahre 15 n. Chr. noch nicht eingegangen waren. Livius, der etwa 17 n. Chr. verstorben ist, hatte in seiner Monumentalgeschichte Roms vom mythischen Gründungsdatum bis zum Tode des Drusus, des jüngeren Stiefsohnes von Augustus, im Jahre 9 v. Chr. in Germanien einen Ausblick auf die Varusniederlage vorgenommen. In diese Darstellung gingen Erfahrungsberichte der wenigen Überlebenden der Katastrophe ein. Sie waren auch Grundlage der ersten Anordnungen des Oberbefehlshabers Tiberius im Jahre 10 n. Chr., mit denen er das Schicksal des Varus vermeiden wollte (Suet. Tib. 18). Bei seinen ersten Expeditionen rechts des Rheins, welche die Rheingrenze sichern sollten und nicht weit nach Osten vorgetragen wurden, gab er u. a. die Anweisungen, dass kein unnötiges Gepäck und kein umfangreicher Tross mitgenommen werden durften. Derartige Maßnahmen konnten Katastrophen wie diejenige des Varus zukünftig nicht vermeiden helfen, da sie die Ursache nicht bekämpften. Entsprechende Darstellungen auf der Basis der wenigen Überlebenden allein konnten also die Katastrophe noch nicht hinreichend erklären, mithin konnte es der Bericht des Livius auf derselben Informationsbasis auch nicht. Folglich ist auch der Bericht des Florus, der auf Livius zurückgeht, unzureichend.

Denn er charakterisiert die Katastrophe lediglich als einen Überraschungsangriff auf das römische Lager, in dem Varus Gericht hielt. Dabei wurde die Varusarmee vernichtet. Mit dieser Darstellung stimmt das Fazit des Autors jedoch schwerlich überein, dass es sich um eine Niederlage gehandelt habe, die sich in Sümpfen und Wäldern abgespielt habe. Darüber hinaus wird von Florus dramatisierend hinzugefügt, dass ein tapfer kämpfender Signifer eine der drei Legionsadler mit sich in den Sumpf hinabgezogen habe, um ihn nicht dem Feind zu überlassen – alle drei Legionsadler sind aber von den Römern schließlich zurückgewonnen worden, zwei noch während der Feldzüge des Germanicus, der letzte zur Regierungszeit des Claudius.

Folglich haben wir allen Anlass, der Darstellung des Cassius Dio zu folgen, die im Gegensatz zum Bericht des Florus durch die Charakterisierung der Katastrophe als mehrtägiges Defileegefecht auffällt. Danach ist die Varusarmee in mehreren Tagen auf dem Marsch immer wieder in vorbereiteten Hinterhalten überfallen worden. Doch steht dieser Bericht nicht allein, wenn es um die Rekonstruktion der Ereignisse geht: Tacitus hatte in den ersten beiden Büchern seiner Annalen, die mit dem Tode des Augustus (14 n. Chr.) einsetzten, die Germanicusfeldzüge beschrieben, die mit dem Ziel der Rückeroberung Germaniens nach der Varusniederlage zwischen 13 und 16 n. Chr. durchgeführt wurden. Den Auftrag dazu hatte noch Augustus gegeben, dessen Vorgaben als Garant der Dynastie und der Nachfolge des Tiberius, des neuen Princeps, nun auch nicht in den Teilen, die Germanien betrafen, und schon gar nicht nach seiner Vergöttlichung, zurückgenommen werden konnten. Daher konnte Tiberius, der schon bald diese Feldzüge angesichts der enormen Verluste nicht mehr als hinreichend begründet sah, nicht den ehrgeizigen Sohn seines jüngeren Bruders gegen dessen Willen abziehen, wenn dieser nach den Vorgaben des Augustus handelte.

Zunächst verfolgten jedoch beide, Tiberius und Germanicus, noch das gemeinsame Anliegen, die Ursachen der Varusniederlage aufzuklären. In der Aufarbeitung dieser Katastrophe war daher Germanicus schon wegen der Verpflichtung gegenüber den Gefallenen sehr genau. Keine römische Niederlage ist von den Zeitgenossen so gut untersucht worden wie diese. Dieses Motiv führte Germanicus im Jahre 15 an die Stätten der Varusniederlage. Der Weg dorthin war gut geplant, zeitlich und geographisch. Davon zeugt der Bericht des Tacitus, der dafür die originalen Dokumente über den Feldzug und die Darstellung des Plinius eingesehen und studiert hat. Der Quellenwert ist daher gar nicht zu überschätzen. Auch an anderen Stellen der Erzählung des Tacitus haben Neufunde erwiesen, dass der Bericht des Historikers zwar eine eigenwillige Gestaltung des Stoffes bietet, aber durchaus unmittelbar oder mittelbar auf Akten des Senats und dokumentarischem Quellenmaterial beruht. Es sei nur auf seine Darstellung der Totenehren für Germanicus bei Tacitus verwiesen (Tac. Ann. 2,83), die durch den Fund der *Tabula Siarensis* in den 1980er Jahren, die den Senatsbeschluss über die Totenehren enthält, bestätigt wurden, sowie auf den ausführlichen Bericht des Tacitus über den Pisoprozess (Tac. Ann. 3,12–14), der inzwischen ebenfalls inschriftlich (*Senatus consultum de Cn. Pisone patre*) bestätigt wurde. Weiteres ließe sich anfügen, was die Arbeitsweise des römischen Historikers erklären und einzuschätzen hilft (G. A. Lehmann, in: Lehmann/Wiegels 2007, S. 419–430).

Der Bericht des Tacitus über die Germanicusfeldzüge ist jedoch manchmal durch Sprunghaftigkeit charakterisiert, mitunter ist die Darstellung geradezu stichwortartig. Sein Lesepublikum, die senatorische Öffentlichkeit, kannte die Darstellungen über die Germanienfeldzüge und die Analysen der Varusniederlage. Daher musste er nicht mehr durchweg eine lückenlose Darstellung liefern, vielmehr nur in seinem analysierenden Bericht an die Abläufe erinnern, um eigene Schwerpunkte und Einschätzungen vorzubringen.

Das gilt auch für den Feldzugsbericht des Sommers 15 n. Chr. Damals wollte Germanicus die Koalition der Gegner, die auch die Varusarmee vernichtet hatte und die unter der Führung des Cheruskers Arminius stand, schwächen. Die Wut kochte aufgrund der Geschehnisse im Frühjahr hoch, weil Segestes, der proрömische Kontrahent des Arminius bei den Cheruskern, mit seinem Anhang nach der Befreiung aus der Belagerung durch seine Gegner zu den Römern übergelaufen war. Er hatte seine Tochter, die Frau des Arminius, Thusnelda, die schwanger war, mitgenommen. Arminius hatte daraufhin die Gemüter unter den Germanenstämmen, welche dieselbe unerbittliche Behandlung wegen ihrer Verwicklung in den Varusuntergang zu befürchten hatten, aufgehetzt. Dem wollte Germanicus im Sommer begegnen (Tac. Ann. I 60,2 f.):

„Und damit nicht der Kampf mit einer Gewalt auf sie hereinbreche, schickte er Caecina mit 40 römischen Kohorten [also 4 Legionen] durch das Gebiet der Bructerer [von Xanten am Niederrhein] zum Fluss Ems, um den Feind zu spalten. [Gleichzeitig] führte der Praefect Pedo die Reiterei durch das Gebiet der Friesen. Er selbst fuhr mit vier Legionen, nachdem er sie auf Schiffe verladen hatte über die Seen [am Niederrhein durch die fossa Drusiana]. Zugleich kamen das Fußvolk, die Flotte und die Reiterei am Fluss an vorbestimmter Stelle zusammen."

Wo mag diese gewesen sein? Man kann davon ausgehen, dass die Vorteile des Transportes zu Wasser maximal genutzt wurden: Dorthin führten zugleich auf der kürzesten Linie zwischen Xanten und der Ems die *pontes longi*, ein Bohlenweg, der zur Zeit der römischen Okkupation angelegt wurde. Das zweite Corps, die Heeresabteilung aus vier Legionen unter der Führung des Caecina, ist auf diesem Weg herangezogen, und zwar auf demselben Weg, auf dem Caecina dann auch im Herbst den Rückweg antrat, wie später Tacitus sagt. Die Reiterei unter Albinovanus Pedo durchzog das Gebiet der Friesen, so dass alle drei Heeresabteilungen in einem Sternmarsch auf den verabredeten Treffpunkt zumarschierten. Damit war erreicht, dass die Stämme zunächst in der Peripherie der ursprünglichen Arminiuskoalition erfasst wurden (Tac. Ann. 2, 60):

„Da die Chaucen Hilfstruppen versprachen, wurden sie in den Heerbann hinzugezogen." Dann wurden die Gegner des Varus angegriffen, die Bructerer: „Die Bructerer, die ihr Hab und Gut verbrannten, schlug Lucius Stertinius mit einer Einsatztruppe, die Germanicus ausgesandt hatte. Während des Schlachtens und Plünderns entdeckte er den Adler der 19. Legion, der mit Varus verloren gegangen war."

Das Heer des Germanicus hatte sich also insbesondere, soweit Erfolge zu verzeichnen waren, mit den Bructerern auseinandergesetzt, die westlich und östlich der Ems siedelten sowie zwischen dem Oberlauf der Ems und der Lippe, bevor der Lauf der Ems nach Norden abbiegt.

In eben dieses Gebiet zwischen Ems und Lippe zog Germanicus weiter nach Südosten (Tac. Ann. 2,60): „Von dort wurde der Heerbann zum Gebiet der Bructerer, das am weitesten entfernt lag, geführt und die Region zwischen den Flüssen Ems und Lippe verwüstet, nicht weit [haud procul] vom Teutoburger Wald, in dem die Überreste des Varus und seiner Legionen unbestattet lagen, wie man sagte."

Seit Melanchthon wurde der Osning Höhenzug, der von Ost nach West nördlich der Lippe den Eggekamm fortsetzte, welcher sich östlich des Quellgebiets der Lippe von Norden nach Süden erstreckte, mit dem Teutoburger Wald gleichgesetzt.

Die Entfernungsangabe *haud procul* setzt den Plünderungszug des Germanicus, der in der Region im Quellgebiet von Ems und Lippe, westlich des Eggekamms (!), endete, mit den „Örtlichkeiten" der Varuskatastrophe in Beziehung. Der kurze Weg zu den Kampfstätten der Varusniederlage führte durch unwegsames Gelände, weg von den herkömmlichen Trassen (Tac. Ann. 2,61):

„Folglich befiel den Caesar (Germanicus) der unbändige Wunsch, den Soldaten und ihrem Führer die letzten Ehren zu erweisen, wobei das ganze Heer, das anwesend war, von Mitleid erfüllt war, wegen der Verwandten, Freunde, zuletzt wegen der Wechselfälle in Kriegszeiten und wegen des allgemeinen menschlichen Loses. Caecina wurde vorausgeschickt, um die dichten Waldschluchten auszukundschaften und Brücken sowie Dämme über das sumpfige Gelände und den tückischen Moorboden zu bauen. Sie betraten [in vereintem Heerzug] die traurigen Stätten, die einen schaurigen Blick boten und grässliche Erinnerungen wachriefen. Das erste Lager des Varus verriet durch seinen weiten Umfang und durch die Dimension der Principia die Hand von drei Legionen; darauf erkannte man die schon arg zusammengehauenen Reste, die in einem halb eingerissenen Wall und in einem niedrigen Graben gelagert haben. Mitten auf dem freien Feld waren die bleichenden Gebeine, wie sie geflohen waren, wie sie Widerstand geleistet hatten, versprengt und angehäuft. Dort lagen Fragmente von Geschossen und die Glieder von Pferden, zugleich waren Schädel an den Baumstümpfen angenagelt. In den benachbarten Hainen be-

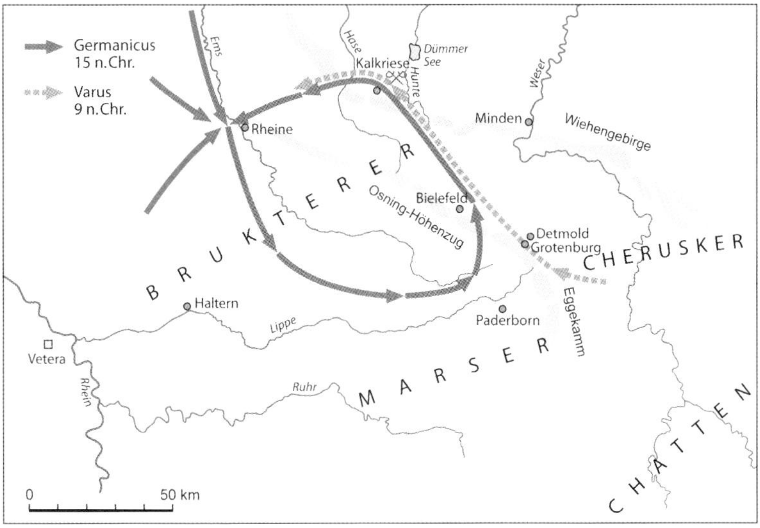

Karte 4 Erschlossener Weg des Germanicus 15 n. Chr. und vermutlicher Weg des Varus 9 n. Chr.

fanden sich die barbarischen Altäre, bei denen sie die Tribunen und die Zenturionen erster Ordnung abgeschlachtet hatten. Und die Überlebenden dieses Gemetzels, die dem Kampf und der Gefangenschaft entronnen waren, berichteten, dass hier die Legaten gefallen, dort die Adler geraubt worden seien; sie zeigten, wo Varus die erste Wunde zugefügt worden sei, wo er mit der unglücklichen Rechten auch sich selbst den Todesstoß versetzt hatte; von welcher Tribüne herab Arminius eine Ansprache hielt, wie viele Galgen für die Gefangenen, welche Martergruben er vorbereiten ließ und wie er die Feldzeichen und Adler verhöhnte."

(Tac. Ann. 2,62) „So also setzte das römische Heer, das anwesend war, sechs Jahre nach dem Gemetzel die Gebeine der drei Legionen bei, mit gesteigertem Zorn auf den Feind, traurig und zugleich erbittert, wobei keiner wusste, ob er die Überreste von Fremden oder Angehörigen mit Erde bedeckte, als ob alle zusammengehörten und blutsverwandt gewesen seien. Das erste Rasenstück für den Bau des Grabhügels setzte Caesar selbst, da er sehr gerne diesen Dienst für die Verstorbenen erwies und am Schmerz der Anwesenden Anteil nehmen wollte. Dies aber wurde von Tiberius ganz und gar nicht gebilligt …"

Das literarische Handlungsmotiv des „unbändigen Wunsches", der Germanicus befallen haben soll, ist den Zeitgenossen bekannt gewesen.

Es stellte einen Bezug zu Germanicus' Ideal und Vorbild her, dem er als Eroberer Germaniens wie sein Vater Drusus nachstrebte: Alexander der Große. Für ihn ist das Motiv des *pothos*, lateinisch *cupido*, zur Einleitung von herausragenden militärischen oder explorativen Tätigkeiten belegt. Tatsächlich darf man sich aber den Besuch der Varuskampfstätten nicht als eine voraussetzungslose Eingebung vorstellen. Der Feldzug im Sommer/Spätsommer 15 n. Chr. war detailliert geplant und unterlag einem engen Zeitplan, um die Zeit, in der eine römische Armee unter herbstlichen Bedingungen auf dem gefährlichen Rückzug den Feinden ausgesetzt war, einzuengen und kalkulierbar zu machen. Dafür durfte man sich an den einzelnen Aktionsorten nicht allzu lange aufhalten. Der Besuch der Varuskampfstätten war eingeplant. Darüber hinaus divergierten die Ziele des Princeps und des ersten Feldherrn: Während Germanicus Germanien zurückerobern wollte, in Übereinstimmung mit den Aufträgen, die er noch von Augustus erhalten hatte, kam Tiberius immer mehr zur Überzeugung, dass der hohe Einsatz den mäßigen Erfolg nicht rechtfertige. In der Zeit seines eigenen Kommandos nach 10 n. Chr. hatte er eher wie Caesar zuvor auch die Expeditionen nicht weit nach Osten und mit größter Vorsicht durchgeführt, allein um die Rheingrenze zu sichern.

Nachdem die Germanicusarmee über die von Caecina vorbereiteten Wege zu den nicht weit entfernten Stätten vorgestoßen war, schritt man in voller Kampfstärke von acht Legionen die Kampforte ab. Tacitus entwarf darüber einen knappen, kondensierten Bericht, den man in der Forschung oft missinterpretiert hat, indem man ihn auf denjenigen des Florus bezog und die geographischen Bezüge (*prima Vari castra – dein semiruto vallo – medio campi*) auf Geschehnisse an einem Kampfort – in einem Lager – zusammenzog (W. John 1963). Deutlich aber wird, dass es dem Historiker um die Schilderung des zeitlichen Ablaufs des Untergangs ging, der sich nach sechs Jahren an den markantesten Punkten, den Lagern eben, zeigte. Man betrat zunächst die Schlachtfelder. Der Angriff der Germanen auf die Armee des Varus erfolgte also, bevor am Ende des Tages ein Lager in voller, d. h. regulärer Größe errichtet wurde. Hier war die Sache noch nicht entschieden. Das Rückgrat der Armee war noch nicht gebrochen. Die drei Legionen hatten folglich noch in kaum verminderter Kampfstärke am Ende des ersten Kampftages ihr Lager abgesteckt – im Unterschied zur Situation der Armee an einem der anderen Kampftage, als die Armee nur noch nach Aushebung eines niedrigen Grabens und hinter einem halbverfallenen Wall den letzten Schutz fand. Die Endkatastrophe ereignete sich mitten auf dem Feld, ereignete sich also wieder an einer anderen Örtlichkeit. Es kann also festgehalten werden, dass die Katastrophe sich über mehrere Kilometer erstreckte und nicht im Rahmen eines Überfalls auf ein Lager erfolgte.

Der Aufenthalt an den Stätten der Katastrophe im Jahre 15 n.Chr. und die Sorge um die Bestattung der Gebeine, die eine interessante Entsprechung mit den Befunden in Kalkriese hat, ermöglichte es Arminius, mit den Truppen seiner Koalition heranzuziehen, ohne dass er sich aber dem römischen Feldherrn direkt stellte. Nach bewährter Taktik lockte er vielmehr die Reiterei in das Terrain, das er für einen Hinterhalt vorbereitet hatte. Es kam zur Schlacht, die aber unentschieden blieb. Verspätet kehrte dann Germanicus an die Stelle an der Ems zurück, an welcher der Feldzug nach der Vereinigung der Truppen seinen Ausgang genommen hatte (Tac. Ann. 1,63,3):

„Bald darauf führte er das Heer zur Ems zurück und führte die Legionen auf der Flotte, wie er sie herangefahren hatte, zurück. Ein Teil der Reiterei erhielt den Befehl, entlang der Küste zum Rhein zurückzuziehen. Caecina, der eine eigene Heeresabteilung führte, ermahnte Germanicus, dass er, obgleich er auf bekannten Wegen zurückzukehren trachtete, die pontes longi möglichst rasch hinter sich bringen solle."

Der Rückweg war wie der Weg des Varus in den Untergang von Arminius vorausberechenbar, so dass er für diesen Weg an den Stellen einen Hinterhalt legte, an denen das Waldgelände überall ringsherum steil anstieg. Die Parallelität der Situation zum Untergang des Varus sechs Jahre zuvor drängte sich den Zeitgenossen auf, auch der Quelle des Tacitus (Plinius d. Ä.) – denn auf dem Höhepunkt der Kämpfe erschien nach dem Bericht dem römischen Heerführer Caecina das Traumbild des Varus.

Caecina hatte sich mit seiner Vierlegionen-Armee in einer mit derjenigen des Varus vergleichbaren Situation befunden. Der Feind lag im Hinterhalt, die Witterung war schlecht, die Wege zerstört, die seit der Niederlage des Varus bewährte germanische Guerillataktik wurde angewandt und die Führung auf der Seite der Germanen, Arminius, war dieselbe.

Ungleich war: Der germanische Feind und seine Führung waren im Jahre 15 bekannt, das römische Heer vorbereitet, das Schicksal des Varus war präsent, die rettenden Winterlager waren, da sich Caecina bereits westlich der Ems befand, relativ nahe.

Alle Unterschiede, die zu Anfang noch zugunsten der Armee des Caecina im Jahr 15 ausschlugen, wurden jedoch sogleich egalisiert und so befand sich Caecina bald in einer ähnlichen Situation wie der unglückliche Feldherr des Jahres 9 n. Chr. (Tac. Ann. 2,63,4–69,1). Und als die Armee sich in einem halbverfallenen Lager zurückgezogen hatte und die Soldaten schon durch einen erneuten Aufbruch ihr Heil in der Flucht suchen wollten, stand Caecina vor derselben Situation wie Varus. Beide mussten sich am Ende des Kampftages im schützenden Lager entscheiden, ob der Marsch nach dem germanischen Angriff am nächsten Tag fortzusetzen sei oder ob man lieber auszuharren sollte – und Caecina harrte im Unterschied zum Feldherrn des Jahres 9 n.Chr. aus, das Beispiel (das Traumbild) des Varus vor Augen und gegen den Widerstand seiner Soldaten.

Und er hatte Glück: Die Einigkeit der Germanen hinter der hinhaltenden, Disziplin voraussetzenden Strategie des Arminius war nur sicher, solange die Bedrohung durch den Feind groß genug war. Das war der Fall im Jahre 9 n. Chr. Auch die unerbittliche Kriegsführung des Germanicus in den Jahren ab 13 n. Chr. hatte die antirömische Koalition des Arminius eher gestärkt als geschwächt. Nur die Bedrohung schloss die Reihen hinter Arminius.

Die Taktik des Arminius, die dieser seit der Niederlage gegen Varus konsequent verfolgte, war daher nicht für eine Offensive gegen einen geschwächten Gegner geeignet. Deshalb war die Angst der Römer für die Jahre nach der Varusniederlage, dass die Germanen über den Rhein zu einer weitreichenden Offensive vordringen könnten, unbegründet.

Die notorische Uneinigkeit der germanischen Adligen zeigte sich schon in der Situation, als Caecina im Jahre 15 n.Chr. in Bedrängnis war. Nachdem keine Hoffnung mehr für die Römer im Lager zu bestehen schien, erhob sich ein Streit unter den germanischen Führern über die einzuschlagende Strategie. Arminius wollte die Römer langsam, aber sicher dezimieren, sein prominenter Onkel Inguiomerus dagegen trachtete danach, die Römer, die man bereits für besiegt hielt, sofort in ihrer letzten Zuflucht zu bestürmen.

Inguiomerus setzte sich durch und als sich die Germanen beim Sturm aufs Lager in der Lagerwehr festgebissen hatten, konnte Caecina den Ausfall wagen und die Germanen in die Flucht schlagen. So gelang es dem traurigen Rest der Armee des Caecina, sich in die Winterlager zu retten.

Die Ereignisse und Verhalten der Parteien wurden von Tacitus nicht unabsichtlich so genau geschildert. Diese Schilderung diente dazu, zu erklären, warum Varus scheiterte und wie es um die Chancen der Eroberung Germaniens gegen den Willen der germanischen Stämme zwischen Rhein und Elbe generell bestellt war. Varus hatte im Unterschied zu Caecina den Marschweg fortgesetzt, nachdem die Angreifer zunächst noch abgeschlagen werden konnten, ohne dass der Armee das Rückgrat gebrochen wurde. So zog er in seine Katastrophe, wenngleich man ihm zugutehalten konnte, dass er um die Qualität der Führung auf der gegnerischen Seite noch nicht wissen konnte. Vielmehr glaubte er wohl, darauf setzen zu können, dass die Germanen, einmal zurückgeschlagen, nunmehr wegen ihrer notorischen Kurzatmigkeit wie bisher leicht zur Raison gebracht würden, und zwar noch im gleichen Herbst am besten auf diesem Weg in die Winterquartiere.

Aber auch für Caecinas Erfolg muss festgehalten werden: Nur die Uneinigkeit auf der Seite der germanischen Führung, als der römische Gegner schon geschlagen schien, brachte Caecina in die Lage, sich selbst wieder freizukämpfen, nachdem er die planlose Flucht seiner Soldaten noch im letzten Moment verhindert hatte. Aus eigener Kraft wäre Caecina nicht fähig gewesen, einen Erfolg herbeizuführen. Diese Diagnose konnte die Zeitgenossen nicht sehr positiv für die anstehende Aufgabe der Eroberung Germaniens stimmen. Tiberius zog letztendlich auf der Basis von diesen und ähnlichen Erwägungen die notwendige Konsequenz am Ende des Jahres 16 n. Chr.

Die Beinahe-Katastrophe des Caecina hatte, soviel steht nach dem vorab Erörterten fest, westlich der Ems auf den *pontes longi* stattgefunden, nach der Trennung von Germanicus an der mittleren Ems, wo sich die Heeresabteilungen im Sommer 15 noch am Beginn des Feldzuges getroffen hatten. Die Untersuchung der Kampfstätten des Jahres 9 n. Chr. bis zur Endkatastrophe der Varusarmee erfolgte demnach noch vor der Trennung der Heeresabteilungen östlich der Ems.

Doch von wo hat diese Katastrophe ihren Ausgang gefunden? Mit Cassius Dio können wir der Antwort auf diese Frage etwas näher kommen, indem wir dem Plan des Hauptverschwörers, Arminius, nachspüren (Cass. Dio 56,18,4–5):

„Sie (die Germanen) fielen nicht öffentlich ab, da sie sahen, dass viele Römer am Rhein stationiert waren und viele in ihrem Gebiet. Sie nahmen Varus stattdessen auf, als ob sie alle ihnen erteilten Befehle auszuführen gedachten, und sie lockten ihn weit vom Rhein in das Gebiet der Cherusker und bis an die Weser. Und dort gaben sie sich höchst friedlich und umgänglich und vermittelten ihm den Glauben, auch ohne Soldaten ein Leben als Unterworfene führen zu können.“

Damit scheiden einige Forschungspositionen, welche die Varusniederlage zu rekonstruieren versuchten, aus: Die allgemeine Bewegungsrichtung (für den Zug in die Katastrophe), die bis zu einem Gebiet westlich der Ems verlief und an der Weser ihren Ausgang nahm, war von Ost nach West zu den Winterquartieren und nicht von West nach Ost (K. Tausend 1996).

Auch die öfter vertretene Meinung (etwa R.–P. Märtin 2008), dass das römische Sommerlager, von dem Varus verspätet in die Winterlager aufbrach und dabei einen Aufstand weit entfernter Stämme bei Wege niederschlagen wollte, bei Minden gelegen haben wird, wird man eher ablehnen müssen. Zwar hat man dort Lagerstrukturen gefunden, die sich allgemein in augusteische Zeit datieren lassen, also irgendwann in die Zeit zwischen 12 v. und 16 n. Chr. gehören, doch sprechen gewichtige Gründe gegen diese Annahme:

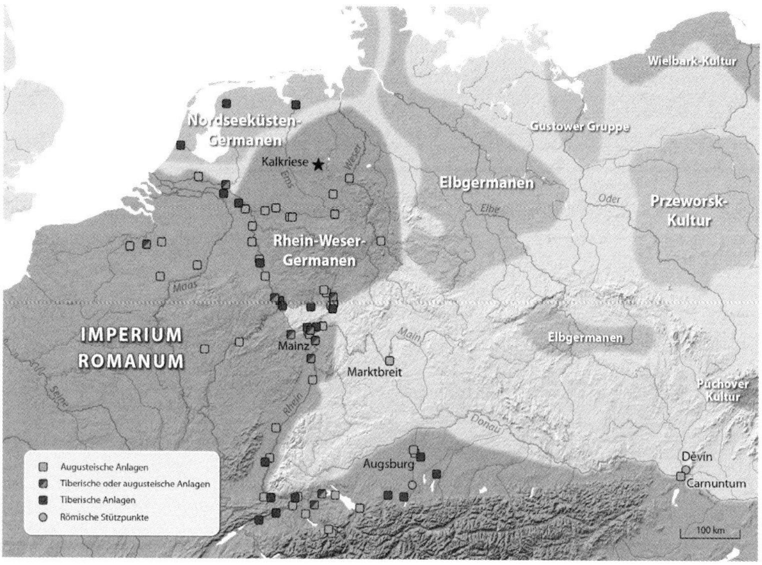

Karte 5 Übersicht über die Militärlager der ausgusteischen und tiberianischen Zeit (27 v. Chr.–37 n. Chr.).

1. Schon im Jahre 5 n. Chr. war Tiberius (Vell. Pat.) zu einem großen Stelldichein an der Elbe über die Weser hinüber vorgedrungen, um die Langobarden und Semnonen von weiterer Unterstützung für westelbische Aufstände, wie es sie zwischen 1 und 4 n. Chr. gegeben hatte, abzuhalten und ihren Anschluss an Marbod in Böhmen zu verhindern. Beides misslang letztendlich. Es stellte sich immer mehr heraus, dass die Elbe sich keineswegs in dem Maße als Grenzfluss eignete wie der Rhein. Von den Gebieten jenseits der Elbe und noch vielmehr vom Marbodreich ging die größte Gefahr für die Stabilität der eben unterworfenen Stämme zwischen Rhein und Elbe aus.

Auch der Feldzug im Jahre 6 n. Chr. auf das Marbodreich war nicht erfolgreich, weil er wegen des pannonischen Aufstandes abgebrochen werden musste. Während der kräftezehrenden Niederschlagung des pannonischen Aufstandes hatte man immer wieder mit der Einmischung des Marbod, der durch den Frieden mit Rom aufgewertet war, zu rechnen oder seinen Einfall in das römisch kontrollierte Germanien zu fürchten. Um eine Gefahr durch Marbod gerade in der Zeit kurz vor der Kapitulation der Pannonier zu bannen, war ein Dreilegionenlager wesentlich weiter südlich als Minden weitaus wirkungsvoller. Immerhin war auch Asprenas von Mainz aus wahrscheinlich auf denselben Wegen, auf denen im Jahre 6 n. Chr. die Offensive nach Osten gestartet wurde (vielleicht auch über Marktbreit), bis weit in den Herbst des Jahres 9 hinein (denn er befand sich zum Zeitpunkt des Untergangs des Varus noch in Germanien) im rechtsrheinischen Gebiet.
Die einfachste Annahme, auch um den Nachschub vom Rhein über den Sommer hin zu sichern, ist ein Lagerplatz in Verlängerung der Lippelinie nach Osten, also etwa in der Gegend von Holzminden. Eben dort kann sich aufgrund des Geländezuschnitts und der Fließgeschwindigkeit auch eine Furt befunden haben. Ein Zug über die Lippe auf dem kürzesten Weg bis zur Weser und darauf nach Norden bis nach Minden – wie of angenommen – ist dagegen unwahrscheinlich, da sie den Statthalter vom eigentlichen Gefahrenherd wegführte.
Wenn der Weg in den Untergang die Armee des Varus auch bei Kalkriese, wofür nach derzeitigem Kenntnisstand (s. S. 49) sehr viel spricht, vorbei führte, würde die Annahme eines Zuges von Minden voraussetzen, dass Varus den besseren Weg nördlich des Wiehengebirges vor sich hatte und nicht – nach Dio mit dem Ziel, einen germanischen Aufstand niederzuschlagen – zum eigenen Nachteil für den Weg in die Winterquartiere über Kalkriese die direkte Route zur Lippelinie verließ.
Den Ausgangspunkt bei Minden könnte man nur mit der Annahme einer weiteren Richtungsänderung aufrechterhalten. Dann wäre Varus in seinen Untergang von Minden aus zunächst nach Süden bis etwa in die Höhe einer Linie zwischen Lippe und Holzminden gezogen, um von dort nach Nordwesten, nach Kalkriese abzubiegen. Ganz abgesehen davon, dass diese Annahme einen mehrfachen – weder veranlassten noch belegten – Richtungswechsel voraussetzt, wäre dieser Weg für eine maximal vier Tage andauernde Katastrophe, die westlich von Kalkriese endete, viel zu lang.

2. Der Weg von Minden aus zur Endkatastrophe bei Kalkriese nördlich des Wiehengebirges verlief dagegen auf einem bekannten Verkehrsweg. Er war eben und in weiten Teilen kaum bewaldet. Der Charakter dieses Weges widerspricht aber dem Grundtenor aller zuverlässigen Berichte, die von einem Weg in den Untergang durch unwegsames Gelände sprechen. Zwar hat man vorsichtig zu sein, antike Berichte, die mit Topoi durchsetzt sind, eins zu eins auf tatsächliche geographische Verhältnisse zu übertragen, aber die Beschreibung über die grundsätzlich beschwerlichen Umstände der Niederlage wird man schwerlich mit den geographischen Verhältnissen des Weges von Minden aus nördlich des Wiehengebirges in Übereinstimmung bringen können.
3. Varus befand sich auf dem Weg in seinen Untergang weit weg von normalen Marschtrassen, also nicht auf dem direkten Weg, den man einschlagen würde, wenn man von Minden aus zu dem Winterlager bei Xanten zöge. Vielmehr hatte Varus den Weg, der ihn weg von der Lippe-„Schnellstraße" führte, gewählt, um abtrünnige Stämme, die zum Schein – nach dem Plan des Arminius – abgefallen waren, niederzuwerfen. Dieser Weg führte den römischen Befehlshaber in einer direkten Linie vom Sommerlager an der Weser – südlich von Minden und westlich der Lippequelle – über Kalkriese zu den aufständigen Stämmen, östlich des Eggekamms, nicht fern (haud procul: Tac. Ann. 2,60) von dem Ort, von dem Germanicus im Jahr 15 die Schlachtorte besuchte. Diese können heute nicht mit Sicherheit benannt werden. Vielleicht gehörten aber die Ampsivarier, die Emsbewohner, dazu, deren Fürst Boiocalus sich 50 Jahre später für seine Treue gegenüber den Römern rühmte, für die er selbst von Arminius in Ketten gelegt wurde (Tac. Ann. 13,55–56). Wenn Varus diesen Stamm hätte erreichen wollen, bevor er in die Winterlager zurückkehrte, um ihn zur Raison zu bringen, wäre der Weg von Südosten her über Kalkriese notwendig gewesen. Anderes wäre kaum denkbar: Man musste Varus von der herkömmlichen Route direkt nach Westen ablenken, um ihn überfallen zu können (Cass. Dio. 56,19,3). Eine Ablenkung nach Südwesten kam nicht in Frage, da dann auch der Heerbann des Asprenas, der sich weiter südlich entlang des Mains ebenfalls im Jahr 9 n. Chr. tief in Germanien befand, für die Niederschlagung in Frage gekommen wäre.

Varus hat also weiter südlich, in nahezu direkter östlicher Verlängerung der Lippelinie an der Weser sein Sommerlager aufgeschlagen. Weiter nach Cassius Dio (Cass. Dio 56,19,1–5):

„Er [Varus] hielt folglich nicht das Heer, wie es im Feindesland geboten gewesen wäre, zusammen. Vielmehr verteilte er viele von ihnen an schwache Siedlungen, die sie anforderten, angeblich um einige Plätze zu bewachen oder Wegelagerer festzunehmen oder Lebensmitteltransporte zu eskortieren. Zum Kern der Verschworenen und Anführer des Hinterhalts und des Krieges wurden neben anderen Arminius und Segimer, die mit Varus stets zusammen waren und oft gemeinsam aßen. Er fühlte sich sicher und ahnte nichts Böses. Und denen, die das Geschehen argwöhnisch betrachteten und ihn zur Vorsicht mahnten, schenkte er nicht nur keinen Glauben, sondern tadelte sie auch, dass sie ohne Grund sich aufregten und jene nur verleumdeten. Es fielen zuerst einige [Stämme] von denen ab, die weit entfernt siedelten – nach einem wohldurchdachten Plan. Es war die Absicht, dass Varus gegen diese ziehen sollte und dann durch sie leichter auf dem Weg – in der Meinung, dass sie durch Freundesland marschierten – überwältigt werden könnte, ohne dass er eine besondere Vorsicht vor denen, die plötzlich alle zugleich gegen ihn die Waffen erhoben, an den Tag legte. Und so geschah es auch: Die falschen Freunde begleiteten ihn nämlich, als er auszog, und verließen ihn dann, angeblich um Bundesgenossentruppen zu organisieren und schnell die Streitkräfte, die bereit stünden, zur Hilfe heranzuführen. Und nachdem sie jeden Soldaten bei sich getötet hatten, den sie zuvor angefordert hatten, gingen sie gegen Varus vor, als er sich bereits im undurchdringlichen Dickicht befand. Und dort, wo sie sich auf einmal als Feinde anstelle von Untertanen entpuppten, verursachten sie heillosen Schrecken."

Der Plan des Arminius und seiner engsten Vertrauten zielte darauf ab, Varus von den herkömmlichen Trassen wegzulocken. Ein fingierter Aufstand sollte dies bewirken, der Varus gleich vom Sommerlager am Ende des Sommers (verspätet) auf dem Weg zu den aufständischen Stämmen von den normalen Marschtrassen nach Nordwesten wegführte.

Danach wird von keiner weiteren Richtungsänderung berichtet. Sie müsste daher gut begründet werden und die Beweislast liegt hier. So spricht jedoch nach Maßgabe der Quellenlage alles dagegen, zumal auch für die Germanen der Weg der Römer gut im Voraus bestimmbar war und die Hinterhalte daher gut vorbereitet werden konnten.

Schon der Abmarsch fand nicht in voller Truppenstärke statt, denn die Einheiten, die Varus zur Unterstützung der Gemeinden geschickt hatte, wurden zuvor niedergemacht. Man darf annehmen, dass dies vor allem mithilfe der germanischen Auxiliarsoldaten in römischen Diensten geschah, da sie eingeweiht recht leicht über die etablierte Befehlsstruktur und in römischer Disziplin geschult auch ohne die Anwesenheit der verschworenen germanischen Führer diese Attentate auf die überraschten Abteilungen in den verstreuten germanischen Gemeinden durchführen konnten. Diese ersten leichten Erfolge werden auch schnell unter den germanischen Stämmen ermunternd gewirkt haben.

Über diese Vorgänge wusste Varus nicht Bescheid. Er nahm an, dass die Kommandeure der Auxiliareinheiten, die sich mit dem Vorwand entfernten, Truppen, die bereitstünden, heranzuführen, auch die verstreuten römischen Einheiten zurückführen würden. In der Tat führten sie Truppen heran, unter denen die für Rom dienenden Auxiliarsoldaten germanischer Herkunft zu Anfang noch die Mehrzahl darstellten, doch in feindlicher Absicht. So war die Überraschung groß. Ab jetzt wird die Darstellung des Cassius Dio leider abstrakter (Cass. Dio 56,20):

„Die Berge waren mit Schluchten durchzogen und uneben, die Bäume hoch und dicht, so dass die Römer, noch bevor die Feinde über sie herfielen, damit zu schaffen hatten, Bäume zu fällen, Wege und Dämme anzulegen, wo dies nötig war. Sie führten wie in Friedenszeiten viele Wagen und zahlreiche Lasttiere mit; nicht wenige Kinder und Frauen sowie eine große Sklavenschar begleitete sie, sodass dies zusätzlich eine lockere Marschordnung erzwang. Dazu kam sowohl starker Regen als auch Wind auf, der sie noch mehr auseinandersprengte. Der Untergrund um die Wurzeln und Stämme herum wurde rutschig, was den Schritt unsicher machte. Und die Wipfel der Bäume, die gebrochen und heruntergefallen waren, verursachten großen Schrecken. Mit diesen schwierigen Verhältnissen hatten die Römer damals zu kämpfen, als die Barbaren sie plötzlich durch das Dickicht hindurch, wegekundig wie sie waren, auf allen Seiten zugleich umzingelten. Und zunächst beschossen diese jene von ferne, darauf aber, als sich keiner wehrte und viele verwundet waren, rückten sie näher an jene heran. Die Römer marschierten nämlich nicht in einer festen Ordnung, vielmehr vermischt mit den Wagen und mit den Unbewaffneten. So konnten sie sich auch nicht leicht in Einheiten organisieren. Sie waren folglich immer in der Minderheit gegen diejenigen, die mit ihnen handgemein wurden und erlitten daher alles und konnten nichts ausrichten."

Die Angaben über die Örtlichkeit des Angriffs sind kaum näher bestimmbar. Cassius Dio hat – dabei seinen eigenen Interessen folgend – in seinem Bericht, der vorher sehr genau in die Voraussetzungen des von Arminius vorbereiteten Hinterhalts einführte, nicht immer mit derselben Genauigkeit aus seiner lateinischen Quelle referiert. Die Zusammenfassung aus dem lateinischen Originalbericht über die Voraussetzungen ist noch an den harten Fakten orientiert. Die Übertragung durch Dio ist so exakt, dass selbst die vorangehende Selbstrechtfertigung des Ausgangsberichts erhalten geblieben ist, dass dieser wenig Spektakuläres enthalte. Demgegenüber ist die Schilderung des überraschenden Angriffs der Germanen wenig herausgehoben, obwohl er nach den langen Vorbereitungen des Arminius eigentlich dramatischer hätte inszeniert werden können. Weiter hat der originale lateinische Bericht, in den die Senatsuntersuchungen eingeflossen sind, Wert auf den Beitrag der geographischen und klimatischen Bedingungen gelegt, die im Referat des Dio aber topoihaft verflachen. Die Schilderung wird an diesen Stellen austauschbar mit anderen Hinterhaltssituationen. Sie reichte für Dio, der 200 Jahre nach den Ereignissen lebte und nie im Norden gewesen ist. Folglich wird man es sehr schwer haben, mit diesen Angaben konkrete Regionen zu identifizieren.

Allgemein gilt: Varus zog – wenigstens überwiegend – durch dicht bewaldete Regionen und Schluchten (der lat. Begriff *saltus* entspricht dieser Landschaftsschilderung), durch die noch Wegschneisen geschlagen werden mussten.

Weiter kann man dem Bericht entnehmen – was durch die Darstellung des Tacitus über den Besuch im Jahre 15 n. Chr. bestätigt werden kann („Sie betraten die traurigen Orte [der Niederlage] …“): Der Angriff erfolgte, als die Römer sich auf dem Marsch in unwegsamen Gebiet befanden, noch bevor ein Lager (nach Tacitus das erste Lager) aufgeschlagen wurde. Denn es heißt:

„Daher schlugen sie ein Lager auf, an einer geeigneten Stelle, soweit dies in einem bewaldeten Bergland möglich war. Und danach verbrannten sie die meisten Wagen und alle Sachen, die sie nicht mehr unbedingt benötigten, oder ließen sie zurück. Am nächsten Tag brachen sie in besserer Marschordnung auf, sodass sie sich sogar in freies Gelände durchschlagen konnten, aber sie hatten einen hohen Blutzoll zu zahlen.“ (Cass. Dio 56,21)

Wir wissen nicht mit Bestimmtheit, ob dieses Lager in der Darstellung des Dio mit dem „ersten Lager des Varus“ im Bericht des Tacitus gleichzusetzen ist. Das Lager des Varus bei Tacitus hat das volle Ausmaß von drei Legionen besessen. Bei Cassius Dio kann das Lager „nur soweit als möglich“ im bewaldeten Gebiet errichtet werden. Sicher ist, dass die Legionen am nächsten Tag geordnet aufbrechen können. Vorsichtigerweise sagen wir, dass es möglicherweise gleichzusetzen ist, vielleicht hat aber Varus noch am zweiten Kampftag den Tross mitgeführt und erst in der Nacht vom zweiten auf den dritten Tag den Tross verbrannt bzw. zurückgelassen. Wenn das der Fall war, dann haben die Angriffe des ersten und des zweiten Kampftages – trotz großer Verluste – noch nicht dem Varus-Heerbann das Rückgrat gebrochen. Soweit Varus noch lebte, gelang es ihm ohnehin, die Truppen zusammenzuhalten, doch …

„Von dort gerieten sie wieder in bewaldetes Gebiet, und sie mussten sich gegen die, die sie anfielen, erwehren. Dabei fiel eine nicht unbeträchtliche Zahl von ihnen. Denn sie waren auf engem Raum zusammengedrängt, sodass dicht gedrängt Reiterei und zugleich Infantristen den Feinden entgegenstürmen könnten, und fielen vielfach übereinander oder über Bäume." (Cass. Dio 56,21,2)

Ob nun vom ersten auf den zweiten oder vom zweiten auf den dritten Tag: Die relativ gute Ausgangssituation der aufbrechenden Armee, nun vom schweren Tross befreit, verschlechterte sich bald wieder. Die Landschaft scheint gewechselt zu haben und die Nachteile der Witterung sowie die dichte Bewaldung wirkten sich langfristig aus. Eine Entscheidung hinsichtlich des Tages gibt uns folgende griechische Bemerkung, die in der Überlieferung jedoch verdorben ist: τότε γὰϱ ‘τῆι’ ‘τε’ ἡμέϱαι. Theodor Mommsen hat daraus τότε γὰϱ τϱίτη ἡμέϱα (Übers.: Der dritte Tag …) rekonstruiert. Näher liegt nach dem Bestand der überlieferten Buchstaben aus philologischen Gründen die (nach dem Vorschlag Dindorfs) allgemein favorisierte Herstellung: τότε γὰϱ τετάϱτη ἡμέϱα (Übers.: Der vierte Tag …). Nach dem ersten Vorschlag hat der Untergang der Varusarmee als zusammenhängender Verband (also vor dem Freitod des Varus) drei Tage, nach dem zweiten vier Tage gedauert. Die aus Gründen der Überlieferung unwahrscheinlichere Variante der drei Tage scheidet aus, wenn das erste Lager nach dem Bericht des Tacitus nicht mit dem dionischen Lager gleichzusetzen ist, denn aus dem Text des Dio muss man schließen, dass die Varusarmee in einem Nachtmarsch vor dem letzten Tag des Kampfes den Feinden zu entkommen versuchte. Dies wird durch die Funde bei Kalkriese bestätigt: Dort hat man eine verfüllte Glocke gefunden, die so keinen Laut geben konnte. Wenn die Glocke für den Nachtmarsch verfüllt wurde, dann ist das zweite Lager im Bericht des Tacitus nicht mit den Wallanlagen im Engpass gleichzusetzen (entgegen W. Schlüter 2011).

Die Auseinandersetzungen des letzten Tages liefen nach dem Bericht des Cassius Dio folgendermaßen ab:

„Als sie noch marschierten, graute der vierte Tag. Und wieder befielen sie heftiger Regen und starker Wind, sodass sie weder voranschreiten noch sicher stehen konnten, nicht einmal war es ihnen möglich, die Waffen zu gebrauchen. Denn sie konnten weder die Bögen noch die

Speere noch die Schilde, weil sie völlig durchnässt waren, benutzen. Den Feinden aber, die meist leichter bewaffnet waren und die Möglichkeit hatten, gefahrlos anzugreifen und sich zurückzuziehen, widerfuhr derartiges in geringerem Ausmaß. Auch haben sie sich stark vermehrt, weil viele von ihnen, die zuvor nur abwarteten, jetzt in Hoffnung auf Beute hinzukamen. Weiter hatten sich die Reihen der Römer bereits stark gelichtet, da viele in den Kämpfen zuvor gefallen waren. So konnten die Germanen die Römer leichter umzingeln und niedermachen. Folglich wagten Varus und die anderen hohen Offiziere, da sie fürchteten, tatsächlich noch lebend gefangen oder von den wütenden Feinden abgeschlachtet zu werden – sie waren nämlich verwundet –, die schlimme, wenn auch notwendige Tat: Sie brachten sich selbst um." (Cass. Dio 56,21,3)

Nun war kein Halten mehr. Die Ordnung, die Varus bislang noch hatte aufrecht erhalten konnte, löste sich auf: „Wie dies nun bekannt wurde, leistete keiner von den anderen mehr, selbst wenn er noch Kraft hatte, Widerstand, sondern die einen ahmten das Beispiel ihres Führers nach, die anderen warfen sogleich die Waffen weg und wandten sich dem, der sie töten wollte, entgegen. Denn fliehen konnte man nicht mehr, so sehr einer dies auch wollte. Und so wurde gefahrlos jeder Mann und jedes Pferd abgeschlachtet, und die …" (Cass. Dio 56,22)

Hier bricht der längste zusammenhängende Bericht über die Niederlage ab. Inhaltlich folgt noch das Drama über den Ausgang der Katastrophe mitten auf dem Feld nach dem Kurzbericht des Tacitus.

Die weiteren Ereignisse müssen wir aus Einzelnotizen anderer Autoren zusammensuchen: Nach Velleius Paterculus wurde der Kopf des Varus von Arminius an Marbod gesandt, der diesen an Augustus weiterschickte (Vell. Pat. 2,119,5). Zonaras, der in byzantinischer Zeit aus dem Werk des Dio abschrieb und es zusammenfasste, bietet eine Anekdote von der Belagerung einer Festung nach der Niederlage des Varus (10,37, p. 452,12–17 Dindorf = Cass. Dio 56,22,2a–b). Ihre Lokalisierung kann jedoch nicht sicher bestimmt werden (Haltern?). Die Schilderung ähnelt aber derjenigen des Velleius Paterculus über die Belagerung von Aliso (Vell. Pat. 2,120,4):

„Lobende Erwähnung verdient ebenso die Tapferkeit des Lagerpräfekten L. Caecidius und seiner Soldaten, die mit ihm in Aliso eingekesselt waren und von den Germanen mit einer ungeheuren Truppenmacht belagert wurden. Sie meisterten ihre schwierige Lage, die der Mangel an Lebensmitteln schier unerträglich und die Übermacht der Feinde fast aussichtslos gemacht hatten. Dabei verließen sie sich weder auf tollkühne Entschlüsse noch auf zauderndes Hin– und Herüberlegen, sondern fassten eine günstige Gelegenheit ins Auge und schlugen sich mit dem Schwert in der Hand durch."

In Übereinstimmung bringen lassen sich auch die Angaben beider Autoren über die Maßnahmen des Asprenas (Vell. Pat. 2,120,3; vgl. mit Zonaras 10,37, p. 452,18–29 = Cass. Dio 56,22,2–4), als ihm das Schicksal der Varusarmee bekannt wurde:

„L. Asprenas ... war Legat unter seinem Onkel Varus gewesen und hatte durch sein tapferes, mannhaftes Verhalten das aus zwei Legionen bestehende Heer, das er befehligte, unversehrt aus der großen Katastrophe gerettet. Und indem er in Eilmärschen in die Winterquartiere Germaniens zog, bestärkte er die diesseits des Rheines wohnenden Völker, die schon schwankend geworden waren, in ihrer Treue. Dennoch gibt es Leute, die glauben, er habe zwar die Lebenden gerettet, aber auch die Hinterlassenschaft der mit Varus Umgekommenen an sich gebracht und nach seinem Belieben die Erbschaft der getöteten Soldaten angetreten."

Der auf Cassius Dio zurückgehende Bericht wie auch derjenige des Velleius Paterculus (Vell. Pat. 2,120,1–2) enthalten Angaben über die ersten Maßnahmen des Tiberius, der mit neuen Truppen im Jahre 10 n. Chr. an den Rhein kam, um die Situation am Rhein weiter zu stabilisieren. Von anderen Autoren kennen wir Einzelschicksale (Florus), vom genannten Velleius Paterculus die Sammlung positiver und negativer Verhaltensweisen einzelner römischer Soldaten, als der Ausgang der Katastrophe absehbar war, also ab dem zweiten oder dritten Tage (Vell. Pat. 2,119,4), meist jedoch erst aus der Zeit nach dem Tod des Varus, als die meisten Römer bereits gefangen oder tot waren (Vell. Pat. 1,120,6):

„Als die Germanen gegen die Gefangenen wüteten, zeichnete sich der junge Caelius Caldus, ein würdiger Spross seiner altberühmten Familie, durch Tapferkeit aus. Er schmetterte ein Ende der Kette, mit der er gefesselt war, mit solcher Wucht gegen seinen Kopf, dass sein Blut und sein Gehirn ausflossen und er sogleich sein Leben aushauchte."

Heraus sticht unter diesen Anekdoten das von Velleius Paterculus als unwürdig bezeichnete Verhalten des Numonius Vala, der mit seiner Reiterei das Fußvolk im Stich ließ (Vell. Pat. 2,119,4):

„Numonius Vala aber, ein Legat des Varus, sonst ein ruhiger und bewährter Mann, gab ein abschreckendes Beispiel: Er beraubte die Fußsoldaten ihres Schutzes durch die Reiterei, machte sich mit den Schwadronen auf die Flucht und suchte den Rhein zu erreichen. Das Schicksal jedoch rächte seine Schandtat: Er überlebte seine Kameraden nicht, von denen er desertiert war, sondern fand als Deserteur den Tod ..."

Wir wissen hier nicht, wann Vala diesen Durchbruch versuchte. Möglich wäre es, dass sich dieser Versuch zum Ende der Katastrophe ereignete, als Varus bereits tot war, denn die Auflösungserscheinungen setzten erst dann ein, nachdem sich der Feldherr getötet hatte – wie der Bericht des Dio demonstriert. Manche konnten sich durchschlagen, auch einige von denen, die sich im Jahre 9 n. Chr. zwar im rechtsrheinischen Gebiet in Befestigungen aufhielten (s. o. Vell. Pat. und Cass. Dio). Sie dienten auch z. T. im Heer des Germanicus im Jahre 15 n. Chr. beim Besuch der Kampffelder als Augenzeugen. Die meisten erlitten jedoch das Schicksal des Caelius, dessen Kenotaph eine Inschrift über seinen Tode im *bellum Varianum* trug. Mit ihm starb sein auf dem Relief abgebildetes Gesinde, das Teil des Trosses war, den Varus laut Cassius Dio mitführte (CIL XIII 8648 = ILS 2244 [Vetera bei Xanten] s. Abb. 3):

„Für Marcus Caelius, Sohn des Titus von der Bürgergemeinde Lemonia, aus Bologna, Centurio der ersten Kohorte der 18. Legion. Gefallen ist er mit 54 Jahren und 6 Monaten im Varus-Krieg. Seine Gebeine dürfen [in diesem Grab] beigesetzt werden. Publius Caelius, Sohn des Titus von der Bürgergemeinde Lemonia, hat als Bruder [das Grabmal] errichtet."

Über die unmittelbaren Folgen in Rom berichtet Sueton (Suet. Aug. 23,1–2): „Wie dies gemeldet wurde, ordnete er Nachtwachen überall in der Stadt an, damit nicht irgendein Tumult entstünde, und er verlängerte die Befehlsgewalt für alle Vorsteher der Provinzen, auf dass die Bundesgenossen von erfahrenen und bekannten Leuten bei der Stange gehalten würden. Er weihte auch große Spiele dem Jupiter Optimus Maximus, wenn nur das öffentliche Wohl sich zum Besseren gewendet habe. Dies war schon im Krieg gegen die Kimbern und Marser erprobt worden. Man sagte, dass er sich schließlich so sehr zermarterte, dass er sich über mehrere Monate kontinuierlich weder Bart noch Haare schneiden ließ und sich manchmal den Kopf gegen das Tor schlug, schreiend: ‚Quintilius Varus, gib mir die Legionen wieder!'. Und er beging den Jahrestag der Niederlage alljährlich als Tag der Trauer und der Klage."

Wenn wir die Summe ziehen: Wegen der Bedeutung, die der Varuskatastrophe beigemessen wurde, berichteten relativ viele antike Darstellungen über dieses Ereignis. Selbst heute verfügen wir über ausführliche Berichte, die genau das Geschehen wiedergeben. Diese Überlieferung, die verglichen mit derjenigen von anderen antiken Ereignissen außerordentlich gut ist, ist seit etwa 500 Jahren bekannt. Und doch gestaltet sich eine konkrete Lokalisierung besonders schwierig, denn seither haben sich rund 700 Theorien über den Untergang der Varusarmee, der drei Legionen,

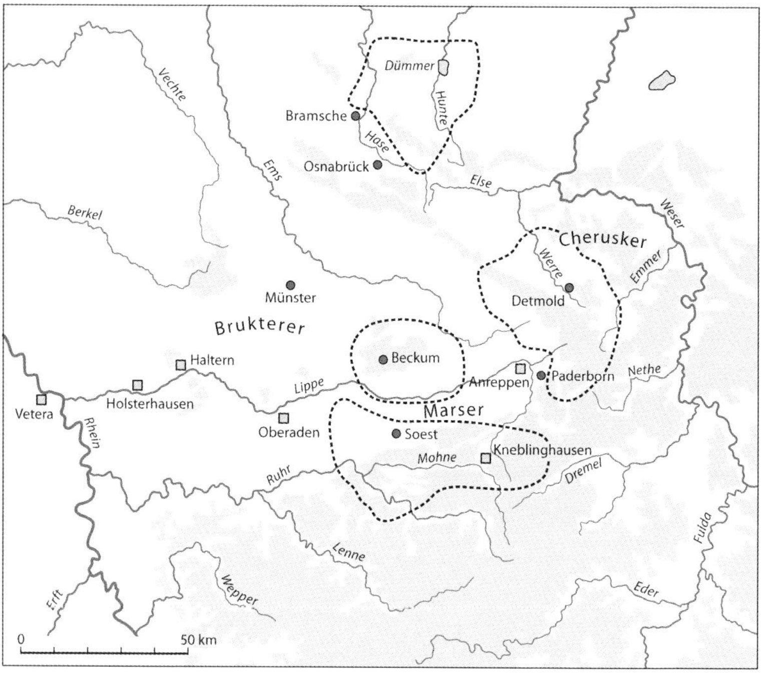

Karte 6 Karte mit den Theorien nach H. von Petrikovits.

drei Reiteralen und sechs Auxiliarcohorten (Vell. Pat. 2, 117) dahinraffte, auf der Basis dieser literarischen Überlieferung gebildet. Harald von Petrikovits hat diese Theorien systematisiert und zu Theoriekomplexen geordnet (s. Karte 6). Ihm zufolge hat man geographisch gesehen vier Gruppen von Lokalisierungstheorien zu unterscheiden:

1. die Nordtheorie, die den Schlachtort am Nordrand des Wiehen– und Wesergebirges oder in dessen ebenem Vorland sucht,
2. die Lippische Theorie, die den Schlachtort im Teutoburger Wald oder zwischen Teutoburger Wald und Weser annimmt,
3. die Münsterländer Theorie, die die Niederlage westlich (südwestlich) des Teutoburger Waldes ansetzt, und
4. die Südtheorie, die sie in dem Bergland vermutet, das die Münsterländer Bucht im Süden begleitet.

Wilhelm Winkelmann (1983) hat diese Haupttheorien mit den 44 wahrscheinlichsten Einzelthesen im Gebiet des Landschaftsverbandes Westfalen-Lippe kartiert.

Auf der Basis seiner Analyse stellte dann Harald von Petrikovits (1966, S. 179) mit Blick auf die Archäologie fest, dass „gerade von ihr für die Zukunft am ehesten neue Indizien zu erwarten sind. Mit Recht hat man mehrmals gefordert, daß die zuständige Landesarchäologie eine systematische Landesaufnahme, auch mit modernen Prospektionsmethoden, in den Gebieten durchführt, in denen Lager des Varus und des Germanicus erwartet werden können."

Tatsächlich haben Neufunde insbesondere seit dem Ende der 1980er Jahre die Diskussion über die Lokalisierung auf eine neue qualitative Stufe gehoben. Sie zeigen, dass allein die archäologischen Funde, die datierbar sind, uns den Weg zu den Örtlichkeiten der Varusniederlage weisen können. Die Ergebnisse der Grabungen und ihre Bewertung sind darüber hinaus wichtig, um die seit Jahrhunderten stark national und lokalpatriotisch aufgeladene Diskussion zu versachlichen und dabei zu helfen, den Ablauf der Niederlage am jeweiligen Ort zu erklären.

Kalkriese

Ein pensionierter britischer Major hat mit seinem Minensuchgerät und einer guten Kenntnis der Schriften Theodor Mommsens Bewegung in die Diskussion um die Örtlichkeiten der Varusniederlage gebracht. Auf Hinweis des Landesarchäologen Wolfgang Schlüter ging Major Clunn in den Gebieten auf die Suche, in denen Theodor Mommsen nach Ausweis von Münzfunden die Stätten der Varusniederlage vermutete. Theodor Mommsen hatte diese Münzfunde vom Gut Barenau durch den Numismatiker J. Menadier untersuchen lassen. Ihre Zeitstellung erlaubte die Verbindung mit der Varusniederlage. Es handelte sich allerdings um Edelmetallmünzen (Gold und Silber). Bronzemünzen, das Courantgeld der Soldaten (daher auch Soldatengeld genannt), fehlten. So wurde Mommsens ohnehin unter geographischen Gesichtspunkten „exzentrische" These von den Gegnern mit Erfolg abgelehnt. Ihr Argument war, dass die Barenauer Münzfunde auch durch Handel zu erklären sind. Erst später, nachdem die systematischen Grabungen eingesetzt haben, musste diese Einschätzung revidiert werden. Die „Nordtheorie", nach der Diktion von Petrikovits', erschien also als die unwahrscheinlichste der bislang ventilierten Theorien, bis der britische Major über das Feld im Engpass bei Kalkriese (ehemals Barenau) mit dem Metalldetektor lief und fündig wurde: Er stieß bei der Untersuchung des sog. Obereschs, des Bereichs am östlichen Eingang in den Engpass, auf drei Schleuderbleie – ein

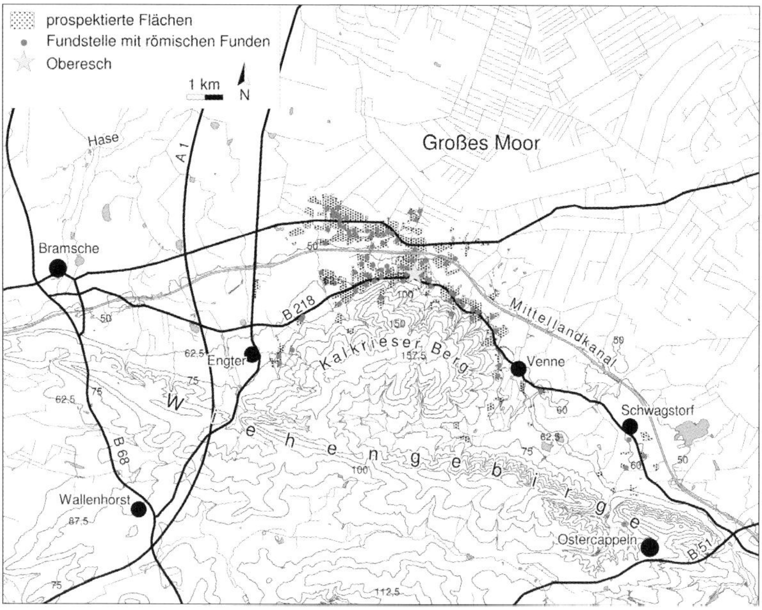

Karte 7 Engpass-Situation am Kalkrieser Berg mit aktueller Befundlage.

Glücksfund, denn in den Grabungen, die seit 1989 bis heute andauern, ist bislang nur noch ein weiteres Schleuderblei gefunden worden. Dadurch war die Anwesenheit von Soldaten nachgewiesen. Weitere Münzfunde, darunter auch das bislang vermisste Courantgeld, bestätitgten dies alsbald.

Die Engpasssituation entsteht durch den Sporn des bewaldeten Kalkrieser Berges, der nach Norden vom Wiehengebirge herausragt, das sich von Ost nach West zwischen der Weser (in der Höhe von Minden) und der Ems (in der Höhe von Rheine) erstreckte. Der Engpass, der im Norden durch das große Moor begrenzt ist, ist entlang des Berges in der Hangsandzone sowie auch weiter nördlich auf dem Flugsandrücken jeweils auf schmalen Passagen begehbar.

Die beschriebenen Funde (die Schleuderbleie und Münzschatzfunde) lösten die systematischen Grabungen aus, die inzwischen bis zu 5000 Einzelfunde – Militaria, Münzen, Knochen und Teile eines Trosses – zutage gebracht haben. Die meisten Funde konzentrieren sich am östlichen Eingang zum Engpass, am sog. Oberesch, was mit der Befundlage (Plaggenbewirtschaftung mit einem zerflossenen Wall) und mit der Grabungsintensität dort zu erklären ist. Funde kamen aber nicht nur aus dem „Oberesch“:

Münzhorte (nach der besonderen Fundsituation auch Barschaftsfunde genannt [F. Berger 2004]) sind nach Norden zu sowie entlang des großen Moors und mit einer Nordwest-Richtung am westlichen Ausgang des an der engste Stelle ca. 1 km breiten Passes gefunden worden. Weiter hat es Funde entlang der 60 m Höhenlinie am Süden des Engpasses entlang des begehbaren Pfades gegeben. Während sich also die Funde nach Westen hin auffächern, haben Prospektionen östlich des Engpasses zur Vermutung geführt, dass die römische Armee von Südosten her in den Engpass einmarschierte (W. Schlüter 2011).

Die Konzentration der Funde am Oberesch, am östlichen Eingang des Engpasses, hat zu der Interpretation geführt, dass hier die heftigsten Kämpfe waren. Dies ist jedoch nicht die einzig mögliche Interpretation. Nicht nur, dass sich dieses Bild aufgrund der Grabungsintensität hier erklären lässt, vielmehr können auch die siegreichen Germanen ihre Beute nach dem Kampfgeschehen hierhin gebracht haben (A. Rost/S. Wilbers-Rost 2012).

Weiter ist dort eine ca. 400 m lange Wallanlage (usprüngl. ca. 4 m breit und fast 2 m hoch), die aus den Rasensoden der unmittelbaren Umgebung hergestellt worden ist, mit einem (etwa 1,5 breiten und 50 cm tiefen) Drainagegraben südlich, zum Berg hin, sowie mit Spitzgräben im Westen erneut südlich sowie im Osten nördlich (!) der Wallanlage (max. 2 m breit, 1 m tief) ausgemacht worden. Frühere Vermutungen über eine Fortsetzung der Wallanlagen westlich des Obereschs haben sich dagegen nicht bestätigt. Darüber hinaus ist – neben absichtlichen Durchlässen – eine Brustwehr durch Pfostenlöcher nachgewiesen, die die Anlage auf eine Höhe von etwa 3 m brachte. Es ist jedoch nicht eindeutig, ob diese Brustwehr den Germanen, die vom Kalkrieser Berg her anrückten, oder den Römern, die entlang der Hangsandzone vorbeimarschierten, als Schutz diente.

Diese Erwägungen gehören in den Kontext der Diskussion, wer diesen Wall, der z. T. während, dann aber auch nach den Kämpfen bis auf 15 m nach Norden hin verflossen ist, erbaut hat. Die unregelmäßige Bauweise in Wellen, die bastionsartig in den Engpass hineinragten, hat zu der Interpretation geführt, dass Germanen die Erbauer waren, doch störten die eher römischen Gepflogenheiten entsprechenden Spitzgräben im Osten und Westen, wovon einer – allerdings in unsicherer Befundlage (W. Schlüter 2011) – dazu noch im Norden des Walles ausgemacht worden ist. Im Osten und Westen endet der Wall bei natürlichen 2–3 m tiefen Bachtälern, die sich vom Berg her in südnördlicher Richtung erstreckten.

Die Militaria, die dort im Bereich des nach Norden verflossenen Walls gefunden worden sind, stammen von allen möglichen Truppenteilen der römischen Armee: von Legionären wie Auxiliarsoldaten und Reitern; es haben sich aber auch Teile des Trosses eingefunden (z. B. Knochenheber, Skalpell). Zudem sind Überreste von Lasttieren entdeckt worden.

Schon die Funde zeigen, dass hier ein römisches Heer durchmarschierte – und verlor. Es war eine Armee, die sich nicht in Feindesland wähnte – so sind zumindest die Bestandteile des reichhaltigen und z.T. wertvollen Trosses zu erklären. Um künftig eine Behinderung durch einen derart beschwerlichen Tross zu verhindern, hatte Tiberius diesen deshalb im Jahre 10 n. Chr. stark eingeschränkt (Suet. Tib. 18).

Es sind Spuren von Plünderungen bei manchen Funden zu erkennen: Ein zerdrücktes Sieb, zerschlagene oder abgerissene Rüstungsteile, auch der sensationelle Fund der Grabungen, der eiserne Kern des Maskenteils eines Paradehelms, der in den Schlamm zurückgeworfen wurde, nachdem der goldene Überzug abgerissen worden war (Abb. 5).

Entscheidend für die Datierung waren aber die Münzfunde. Mittlerweile sind weit über 1500 Münzen gefunden worden. Dazu gehören 720 Kupfermünzen und zwar in einer Relation (zu den über 800 Silber– und Goldmünzen; häufig sind die Silberdenare vom Gaius-Lucius-Typ, die zwischen 2 v. Chr. und 1 n. Chr. geprägt wurden), wie sie für Orte typisch ist, an denen Katastrophen über die Zeitgenossen hereingebrochen sind. Wichtig für die Datierung sind die Altarmünzen (zw. 8 und 3 v. Chr. geprägt) aus Lyon, die mit dem Gegenstempel des Varus (VAR) versehen worden sind. Dies ist erst mit der Übernahme der Statthalterschaft im Jahre 7 n. Chr. denkbar.

Prägungen, die ab 10 n. Chr. erfolgten (insbesondere der Lugdunum II-Typ), sind in Kalkriese nicht gefunden worden. Nun ergibt dieser Befund strenggenommen „nur“ einen *terminus post quem* für den Fundort „Kalkriese“. Damit ist die Datierung des Fundorts auch in die Zeit der Germanicusfeldzüge zwischen 13 und 16 n. Chr. prinzipiell möglich. Ein Teil der Forschung (R. Wolters, etwa 2003) plädiert daher für eine Datierung in den Herbst 15 n. Chr., als Caecina nur knapp einer Katastrophe entging.

Wahrscheinlich ist sie jedoch nicht. Bleiben wir beim Befund: Es gibt keinerlei Münzen der Prägezeit nach 10 n. Chr. Aber auch wenn sich noch vereinzelte Funde mit Münzen aus der Zeit nach 10 n. Chr. in Kalkriese einstellen sollten, sagt dies nicht viel aus. Im Jahre 15 n. Chr. waren die Truppen des Germanicus hier entlang gezogen, um den Verlauf der Varusniederlage zu untersuchen. Wenn auch der Vorschlag der Deutung der Gegenstempel AVC als Aulus Caecina kaum glaubhaft ist, so ist doch

Caecina auch an den Orten der Varusniederlage östlich der Ems gewesen, doch nie alleine mit dem Corps, das er befehligte, sondern gemeinsam mit dem gesamten römischen Heeresverband unter der Führung des Germanicus. Caecina war erst beim Zug zurück zu den Winterquartieren westlich der Ems eigenverantwortlicher Befehlshaber. Dies war erst der Fall, nachdem Germanicus im Jahre 15 bis in den Herbst hinein die Varuskampfstätten auch im Kalkrieser Engpass besucht und nach der Bestattung der Überreste der Varusarmee und nach Scharmützeln mit der germanischen Koalition des Arminius die Ems wieder erreicht hatte. Dort hatte ihr Feldzug im Sommer den Ausgang genommen, nachdem die Truppen des Caecina entlang der *pontes longi*, die Reiterei durch das Land der Friesen und das Corps des Germanicus auf Schiffen entlang der Ems etwa bis in die Höhe von Rheine gezogen waren.

Auf den durch die herbstlichen Wetterbedingungen beschädigten *pontes longi*, den ausgebauten Bohlenweg zwischen der Ems und dem Winterlager bei Xanten, wurde Caecina durch die Koalition des Arminius angegriffen. Diesen Bohlenweg, den Lucius Domitius Ahenobarbus um die Zeitenwende angelegt hatte, hatte Caecina noch im Frühsommer auf dem Weg zum Treffpunkt mit Germanicus gewählt, ohne dass er auf Probleme traf, da der Weg noch unbeschädigt war und die feindliche Koalition sich noch nicht formiert hatte. Durch die herbstliche Witterung hatte der Bohlenweg aber heftig gelitten und so konnte Arminius erneut im Bündnis mit den geographischen Verhältnissen und der Witterung die seit 9 n. Chr. bewährte Taktik anwenden, die Römer auf dem Rückzug im Herbst zu den Winterquartieren anzugreifen und damit die Erfolge im Sommer einer Feldzugssaison zunichte zu machen (Tac. Ann. 2,63,4–69,1).

Wir hatten erörtert, dass die Botschaft des Tacitus eine doppelte war: Nicht nur Varus hatte mit dem Aufbruch aus dem sicheren Lager im Gegensatz zu Caecina einen Fehler begangen, auch Caecina hatte nicht aus eigener Kraft den Feind bezwungen. Erst die Uneinigkeit der Feinde hatte ihn in die Lage versetzt, die Feinde zu überraschen. Das war die Folgerung, die jeder, der die Lage nüchtern betrachtete, ziehen musste. Auch Tacitus setzte in der „Germania“ (cap. 33) resümierend auf den Streit unter den germanischen Gegnern:

„So hoffe ich doch wenigstens auf die ewige Beständigkeit des Hasses dieser Stämme untereinander, wenn sie uns schon nicht lieb gewinnen wollen, weil bei dem lastenden Verhängnis für das Reich das Schicksal nichts Größeres gewähren kann als die Zwietracht der Feinde.“

So lautete die Konsequenz des Tiberius, gegen den Widerstand des Germanicus: Rückzug auf den Rhein und die Donau, indem er fortan „*plura consilio quam vi*", also „mehr mit Geduld und Augenmaß anstelle von Waffengewalt" (Tac. Ann. 2,26) gegenüber den Germanen jenseits des Rheins und nördlich der Donau zu agieren trachtete.

Im Zusammenhang mit dem archäologischen Befund in Kalkriese ist jedoch anzumerken: Die Armee des Caecina hatte im Jahre 15 n. Chr. die Krise und die Schlachtfelder westlich der Ems – wenn auch mit Glück – siegreich verlassen. Die Armee im Engpass von Kalkriese, also östlich der Ems, hatte die Auseinandersetzung dagegen verloren. Auch wenn noch Münzen, die in der Zeit nach 10 n. Chr. geprägt wurden, in Kalkriese gefunden werden sollten, kann dies nicht ein Indiz für die Einordnung in das Jahr 15 n. Chr. sein, da die gesamte Germanicusarmee dort die Schlachtfelder untersuchte und die Überreste der Niederlage des Jahres 9 n. Chr. dort bestattete.

Auch der Fund des Mundblechs einer römischen Schwertscheide in Kalkriese, auf dem eine Ritzung auf die Anwesenheit von einem oder mehreren Soldaten der *Legio I* in Kalkriese schließen lässt, reicht nicht für eine Datierung des Kampfplatzes in das Jahr 15 n. Chr., nur weil sie zu den Legionen des Caecina gehörte (R. Wiegels 2006; R. Wiegels in: Lehmann/Wiegels 2007). Noch weniger lassen sich Argumente für eine Datierung des Kampfplatzes in das Jahr 15 n.Chr. aus der Besitzerinschrift eines Zenturio auf einer Schwertscheide sowie aus der Ritzung der Kohorte(!) I auf einem Senkblei gewinnen.

In der Tat war die *Legio I* im Jahre 9 n. Chr. dem Legaten des Varus, Asprenas, in Mainz zugeordnet. Im Jahre 15 n. Chr. war sie Teil des Corps des Caecina im Heerbann des Germanicus. Doch das sagt nicht viel: Entweder eine Einheit der *Legio I* war im Jahre 9 n. Chr. der 17., 18. und 19. Legion des Varus zugeordnet – für Varus ist es ja überliefert, dass er selbst Einheiten im Sommer dieses Jahres für Spezialaufgaben aussandte; vermutlich erhielt er auch solche aus anderen Verbänden. Oder ein Legionär, der ursprünglich in der *Legio I* anheuerte, hat die Einheit gewechselt. Oder ein Soldat des Jahres 15 n. Chr. hat bei der Untersuchung und Bestattung das Mundblech verloren.

Darüber hinaus sind – soweit dies aus dem Bericht des Tacitus (Ann. 1,63,1–2) geschlossen werden kann – die Auseinandersetzungen zwischen Arminius und Germanicus nach dem Besuch der Schlachtfelder und vor der Trennung des römischen Heeresverbandes an der Ems nur schwerlich mit den Befunden bei Kalkriese vereinbar:

1. Das Fundspektrum bei Kalkriese mit Belegen von allen Truppenteilen einer römischen Armee (A. Rost/S. Wilbers-Rost 2012) lässt sich nicht mit dem Bericht des Tacitus in Übereinstimmung bringen, dass sich vornehmlich die römische Reiterei von allen Seiten umringt sah und das Kampffeld verlassen musste.

2. Weiter können der Befund des Walls und der Knochengruben bei Kalkriese kaum mit den Aktionen der Hilfskohorten und der restlichen Armee des Germanicus gleichgesetzt werden, die der Feldherr im Jahre 15 n.Chr. vom Kampffeld des Varus, wo die Bestattungsaktion beendet und von wo die Verfolgung des Arminius aufgenommen worden ist, zum neuen Kampfort mit dem Ziel der Unterstützung der Reiterei nacheinander ausschickte: Die zur Hilfe gesandten Kohorten konnten zwar die Situation nicht stabilisieren, aber ihre Stellung halten, bis Germanicus die restliche Armee zum Kampf aufstellte. Auch hier gilt, dass die Germanicusarmee die Auseinandersetzung nicht verloren hat wie die unglückliche Armee, die in Kalkriese ihre Spuren hinterlassen hat.

Verfechter der Caecina-These bringen vor, dass Münzen der Prägezeit nach 10 n. Chr. auf den Kampffeldern bei Kalkriese gar nicht zu erwarten seien. Vielmehr sei damit zu rechnen, dass aktuelle Münzprägungen immer mit einem gewissen zeitlichen Verzug in vom Prägeort weiter entfernten Regionen „zugeflossen" sind (etwa R. Wolters, in: Lehmann/Wiegels 2007, S. 135–160, bes. 146ff.). Dieses Argument kann man aber auch umdrehen: Die antike Münzprägung war bekanntlich Bedarfsprägung. Die Prägung erfolgte demnach an autorisierten Orten, wenn neue Münzen gebraucht wurden. Der Bedarf konnte unterschiedlich angemeldet werden: Er konnte wirtschaftlich erforderlich sein oder auch aus politisch-propagandistischen Gründen angemeldet werden. Die Politik etwa Alexanders des Großen, der nach der Eroberung der persischen Schatzhäuser (in Damaskos und Susa) sofort die gehorteten Bestände mit großen wirtschaftlichen Folgen für das östliche Mittelmeer ausmünzen ließ, bedeutete eine betonte Abkehr vom thesaurierenden Verhalten der Achaimeniden. Zugleich dokumentierte diese neue Politik eine Schwerpunktverschiebung in den Prioritäten des Makedonen, zu Ungunsten seiner makedonischen und festlandsgriechischen „Heimat".

Stehende Heere mussten finanziert werden. Besonderer Bedarf existierte an Orten, an denen viele Truppen stationiert und die Möglichkeiten, Beute zu machen, begrenzt waren. Das war am Rhein der Fall. Nirgendwo standen seit 9 n. Chr. so viele Truppen auf engem Raum konzentriert wie vor allem in Xanten und Mainz und nirgendwo im Römischen Reich tiberischer Zeit waren die Truppen so unzuverlässig – weil erst kurzfristig ausgehoben – wie am Rhein (und an der Donau). Die Meuterei 14 n. Chr. mag als Indiz dafür gelten. So kann man eher umgekehrt formulieren: Hätte es sich bei der Armee, die in Kalkriese unterlag, um Truppen des Jahres 15 n. Chr. gehandelt, so ist anzunehmen, dass wir dafür numismatische Indizien in größeren Mengen hätten, eben weil sie mit frischer Prägung zur Erhaltung der Loyalität besonders kurz nach der Meuterei versorgt wurde.

Bislang wurde vorgebracht (B. Dreyer 2009, S. 129–130), dass der Fund der mit Pflanzen verfüllten Glocke, deren Inhalte in den Spätsommer/Herbst einer Vegetationsperiode verweisen, mit der hier besprochenen Nachricht des Cassius Dio zu verbinden ist, dass die Römer in der Nacht vom dritten auf den vierten Kampftag durch einen Nachtmarsch versucht haben, sich von den Angreifern zu lösen. Die Verfüllung diente somit dazu, Geräusche während des Nachtmarsches zu reduzieren. Die Folge wäre gewesen, dass die Kämpfe in Kalkriese an das Ende der viertägigen Katastrophe gehörten, bevor sich das Gelände öffnete, ganz entsprechend der Beschreibung des Ortes der Endkatastrophe bei Tacitus (*medio campo*).

Diese These müsste revidiert werden, wenn neue Überlegungen gültig sind, die den germanischen Ursprung des Walls bezweifeln (Abb. 8 u. 9). Zwar sind die Möglichkeiten nicht so reichhaltig, wie letztlich aufgezeigt (W. Schlüter 2011). Insbesondere die erörterten Möglichkeiten, die das Geschehen mit dem Wallbefund in das Jahr 15 n. Chr. datieren, sind aus den oben genannten Gründen als eher unwahrscheinlich auszuschließen. Aber es bleibt dennoch die Möglichkeit, dass die Wallanlagen auf dem Oberesch nicht von germanischer Hand, sondern durch die Römer im Jahre 9 n. Chr. errichtet worden sind: Die teilweise unbeholfen wirkende Unregelmäßigkeit des Aufbaus des bis zu 1,5 m hohen und 5 m breiten Walles am „Oberesch" entlang der 60 m Höhenlinie bzw. entlang der Waldkante des Kalkrieser Berges hatte ursprünglich zur Vermutung geführt, dass Germanen diesen hergestellt haben könnten. Sie hätten sich vom Berg her vorstoßend hinter dem aufgrund des Waldes erst spät erkennbaren Wall verborgen, um durch die absichtlich offen gelassenen Durchlässe und von der Brustwehr herab die vorbeiziehenden Römer, vielleicht am Morgen des vierten Kampftages, anzugreifen. Der Aufbau des Walls setzte disziplinierte Truppen voraus, die im Vorhinein wussten, wo die römischen Truppen entlang marschierten, um kurz vor dem Eintreffen Material vor Ort, die sog. Plaggen, zu einem Wall anzuhäufen. Um am Fuße eines staunassen Berges nicht Gefahr zu laufen, dass der Wall vorzeitig kollabierte, bevor die Gegner eintrafen, haben die kleinen Gruben vor dem Wall zum Berg hin als Drainagegräben gedient.

Nach der herkömmlichen Interpretation haben diese Vorkehrungen nichts gebracht, da der Wall noch während des Kampfes verflossen sei. Damit hatte man den Fundreichtum gerade römischer Militaria und vor allem den Fund von Lasttieren erklärt, die unter dem Wall begraben wurden. Störend ist allerdings die nach dem derzeitigen Grabungszustand offene Flanke der östlichsten „Bastion“, die nicht gut zu einem römischen Anmarsch von Osten passt, wenn die Germanen als Erbauer des Walls hinter diesem Schutz die Römer überfallen wollten.

Schlüters Alternativvorschlag bestand in der Annahme, dass die Römer diesen Wall als Schutz gegen die Germanen erbauten, die vom Berg her vorrückten. Dieser sei dann auch in der Ost– und Westflanke durch die natürlichen Barrieren (Bachtäler), die notdürftig mit einem Holzverhau verstärkt worden seien, ergänzt zu denken, so dass sich ein Marschlager von 5,5–6,3 ha ergeben habe, das im Norden nicht gesichert worden sei (vgl. das Lager des Germanicus im Jahre 14 n. Chr.: Tac. Ann. 1,50,1). Dieses Lager wäre dann unter der Gefahr feindlicher Angriffe errichtet und damit erklärbar „irregulär“ für römische Verhältnisse ausgefallen. Die Beschreibung des Zustandes des zweiten Lagers durch Tacitus (*semiruto vallo*) stimmt mit diesem Befund überein, besonders dann, wenn man annimmt, dass diese Wallanlagen noch während der Kämpfe verflossen.

Daran muss man jedoch zweifeln, wenn Achim Rosts (zuletzt A. Rost/S. Wilbers-Rost 2012) Bedenken stimmen. Er hat beobachtet, dass die Militaria, die am Wall gefunden wurden und durch den Versturz begraben worden waren, meist – aber auch nicht ausschließlich (s. S. Wilbers-Rost 2003; A. Rost/S. Wilbers-Rost 2012) – *Fragmente* römischer Rüstungen sind. Es könnte sein, dass es sich um Überreste von Plünderungen der Germanen handelte, die dort gesammelt sowie zur Schau gestellt wurden und dann durch einen Wallversturz nach den Kämpfen verschüttet wurden. Wenn es sich auch bei den Kampfplätzen im Engpass von Kalkriese wohl eher nicht um den Ort der Endkatastrophe gehandelt haben wird, der weiter westlich *medio campo* lag, spricht natürlich nichts gegen eine Interpretation der Befunde in Kalkriese als Indizien für eine Beuteverteilung vorher. Sicher scheint nun (A. Rost/S. Wilbers-Rost 2012), dass die Gräben am Wall in einer eigenen Aktion zwei oder drei Jahre nach dem Kampfgeschehen verfüllt wurden (als man die Reste des Walles planierte), bevor nach einer erneuten Periode von drei bis vier

Jahren die (bislang acht) Knochengruben angelegt wurden. Für die erste Aktion zwei Jahre nach den Kämpfen hält man die Germanen verantwortlich, die zweite Aktion sechs Jahr nach den Kämpfen ordnet man der Armee des Germanicus im Jahre 15 n. Chr. zu, welche die Überreste der Varusarmee bestattete.

Gleichwohl scheinen Teile des Walls bereits *während* der Kämpfe eingestürzt zu sein. Die Position der am Wall in Versturzlage gefundenen Lasttiere ist nicht gut anders zu erklären. Die Lage der Lasttiere spricht m. E. aber auch gegen die Interpretation des Walles als römisch. Die Position behinderten sowohl die Verteidigung durch die Römer also auch die Aushebung der Plaggen aus der direkten Umgebung, um den Wall zu erbauen.

Die durch Spuren von Pfostenlöchern auf dem Wall gesicherte Brustwehr ist ebenfalls schwer zu erklären, wenn der Wall von Römern errichtet worden ist. *Pila Muralia* standen nach drei Kampftagen und nach einem Nachtmarsch kaum noch in ausreichender Menge zur Verfügung. Der Tross war bereits verbrannt. Unnötiges und zunehmend auch sonstiges Material, das behinderte, war längst zurückgelassen worden. Das Holz und Gestrüpp für ein etwa 6 ha großes Lager an der Süd–, Ost– und Westseite hätten zumindest inzwischen auch aus dem sicher feindlich besetzten Wald hügelaufwärts beschafft werden müssen – was zu diesem Zeitpunkt kaum mehr möglich war.

Wir müssen weitere Grabungen abwarten (A. Rost/S. Wilbers-Rost 2012), die auch die mögliche Fortsetzung nach Osten und auch weiter westlich, jenseits des „Obereschs“, klären. Sicher ist nämlich, dass der bislang auf 400 m gesicherte Wall keiner der beiden Seiten ausreichenden Schutz geboten hätte. Sowohl Römer als auch Germanen hätten weitere Sicherungsmaßnahmen durchführen müssen, hätte der Wall echte Schutzwirkung entfalten sollen. Auch muss das zeitliche Verhältnis der Funde und Befunde genauer abgegrenzt werden. Dies gilt etwa für das zeitliche Verhältnis der Gräben und Gruben, in denen Knochen gefunden wurden. Hier ist erwogen worden, ob nicht manche Knochengruben auch als Opfergruben (evtl. in einer ersten Phase) interpretiert werden können (W. Schlüter 2011). Die Opferung von gefangenen Römern nach der Varuskatastrophe ist überliefert.

Diese Knochen sind bislang ein wichtiges Argument für die Datierung der Geschehnisse im Engpass in das Jahr 9 n. Chr. gewesen. Sie sind z. T. in Knochengruben nachträglich dorthin gebracht und planvoll bestattet worden. Tacitus berichtet davon, dass die Soldaten der Germanicusarmee in Trauer die Überreste, vermischt mit tierischen Gebeinen, bestatteten, obwohl unklar war, wen genau sie nun bestatteten. Das stimmt mit den Befunden in Kalkriese überein, denn auch diese Gebeine lagen z. T. mehrere Jahre an der Oberfläche und zeigen Verbissspuren, bevor sie in die Gruben gebracht wurden. Die Knochen sind in dem Johann-Friedrich-Blumenbach Institut für Zoologie und Anthropologie der Universität Göttingen untersucht worden (B. Großkopf). Es handelte sich um die Gebeine von Männern mittleren Alters mediterraner Herkunft, die an tödlichen Schlägen verstorben sind.

Herausragend ist auch der Fund eines weiblichen Beckenknochens. Ein umfangreicher Tross, der Frauen, Kinder und Sklaven einschloss, wie ihn Varus nach Cassius Dio in dem festen Glauben, sich in Freundesland zu befinden, mit sich führte, war nach 10 n. Chr. ausdrücklich von Tiberius gerade wegen der Erfahrungen der Varuskatastrophe verboten worden. Dieser Befehl hat auch die Mitnahme von Paraderüstungsteilen stark eingeschränkt, wie sie aber in Kalkriese gefunden wurden. In der Regel werden jedoch die Frauen und Kinder, derer die Germanen im Jahre 9 n. Chr. habhaft wurden, nicht ermordet, sondern verschleppt worden sein. So werden auch im Jahre 9 nur selten Frauen absichtlich getötet werden sein, für das Jahr 15 n.Chr. sind sie dagegen völlig ausgeschlossen.

Damit gehören die Relikte der Kämpfe im Engpass von Kalkriese am ehesten zu den Kämpfen des Jahres 9 n. Chr. (s. Abb. 4a/b, 5) Diese Kampf-

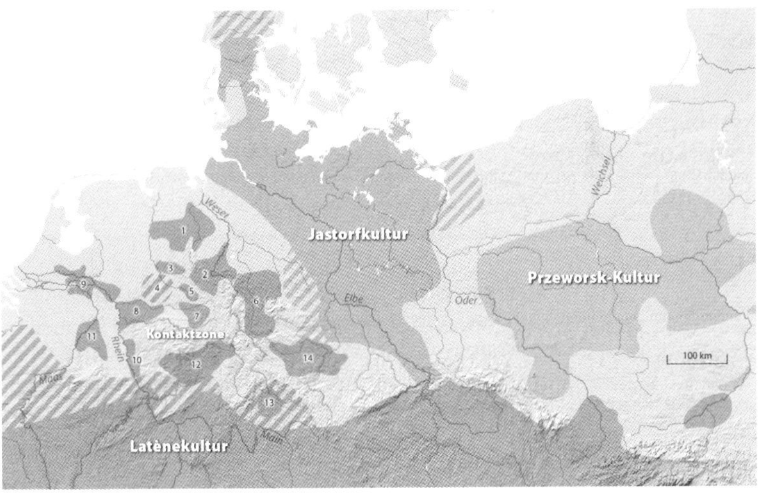

Karte 8 Nördliches Mitteleuropa (2. Jh. v. Chr.). Die Karte zeigt breite Kontakte zwischen Jastorf- und Latène-Kultur (n. Bernhard Sicherl). Weitere Informationen im Abbildungsnachweis.

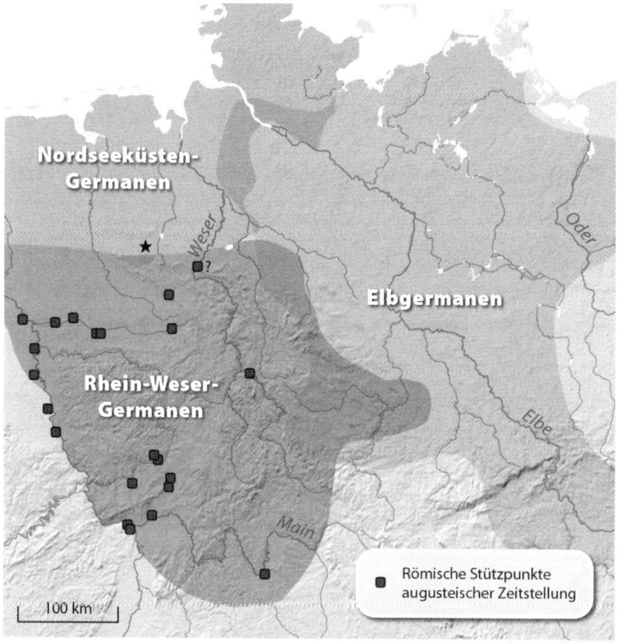

Karte 9 Lage der Germanengruppen (nach Uslar 1951) etwa zur Zeit des Augustus mit dem Kampffeld von Kalkriese (★).

spuren werden aber nur einen kleinen Ausschnitt von der insgesamt viertägigen Katastrophe wiedergeben. Wenn die Funde in Kalkriese auch nicht zusätzliche Erklärungen über den Grund der Niederlage insgesamt bieten können, der bislang nur aus den wertvollen literarischen Berichten erschlossen werden kann, so sind sie doch unverzichtbar bei dem Versuch, die lange auf der Basis der literarischen Berichte vorgenommene nationale Instrumentalisierung und auch die aktuell heftig geführte Diskussion über die Lokalisierung von Varuskampfstätten im Einzelnen zu rationalisieren.

Zudem bieten die Forschungen in Kalkriese einen verlockenden Ausblick auf die Vorteile, die eine gänzliche örtliche Erschließung nahezu aller Phasen der viertägigen Katastrophe bieten würden. Sie haben immerhin nach den Untersuchungen der Germanicusarmee zu den Berichten geführt, die bis jetzt unsere Bewertungen ermöglichen. Danach erschließt sich die angemessene historische Einordnung der Bedeutung der Varusniederlage in dem paradigmatischen Charakter, den der Sieg des Arminius über die drei römischen Veteranenlegionen hatte: Zum ersten Mal hatte der Germanenfürst die naturräumlichen Gegebenheiten und die Witterung erfolgreich ausgenutzt. Er hatte für den Aufstand eine Koalition von nordwestgermanischen Stämmen zustande gebracht, deren Kern aus den im römischen Dienst geschulten germanischen Auxiliarverbänden bestand, die für die Organisation der Hinterhalte für vier Tage lang das Rückgrat der kämpfenden Einheiten auf germanischer Seite bildeten.

Sie garantierten weiter die überregionale Durchsetzung der Befehle des Arminius und schalteten die innergermanische, prorömisch gesinnte Opposition, die es in allen Stämmen gab, für die Zeit des Aufstandes aus. Der Erfolg im Kampf garantierte bereits im Jahre 9 n. Chr. den Zulauf aus den germanischen Stämmen und den Rückhalt für die Aktion des Arminius. Mit dem Erfolg im Jahre 9 n. Chr. war die Grundlage für eine Taktik gelegt, die erfolgreich und konsequent in den nächsten 6 Jahren gegen Tiberius und Germanicus eingesetzt wurde. Sie führte letztlich am Ende des Jahres 16 n. Chr. zum endgültigen Rückzug der römischen Legionen auf den Rhein und zum Verzicht auf die Okkupation der westelbischen Gebiete, weil sich Tiberius von der Aussichtslosigkeit der Eroberung Germaniens unter den genannten klimatischen Normalbedingungen gegen den Willen der germanischen Stämme überzeugte. Damit entfällt auch die These, die den Erfolg im Jahre 9 n. Chr. auf eine außergewöhnliche Naturkatastrophe zurückführt (P. Arens 2008 u. a.). Wäre dies der Fall gewesen, hätte es keinen Grund auf Seiten der Römer gegeben, nicht doch weitere Versuche der Okkupation „unter Normalbedingungen“ vorzunehmen.

Die Ausgrabungen in Kalkriese seit dem Ende der 1980er Jahre haben allen Alternativüberlegungen zur Lokalisierung der viertägigen Varuskatastrophe doch erheblich das Wasser abgegraben – obwohl doch noch bis dahin und trotz der Autorität Mommsens nicht viel für diese geographisch „exzentrische“ These zu sprechen schien. Bis dahin hatte man den Untergang der Varusarmee eher bei Detmold vermutet (s. Abb. 6 und Kap. 6).

Die These, dass hier die Varusarmee untergegangen ist, basierte im Wesentlichen auf der Nähe zu einer Fluchtburganlage, zur Groteburg, die als Sitz des Arminius galt. Die prominenteste Version für den Untergang der Varusarmee, die von Harald von Petrikovits zur „Lippischen Theorie“ eingeordnet wurde, hat im 19. Jh. zur Aufstellung des berühmten Arminiusdenkmals nach den Plänen Ernst von Bandels geführt. Schon früher hatte die von Melanchthon bereits vorgenommene Gleichsetzung der bei Tacitus überlieferten Region des „Teutoburger Waldes“ mit dem Osning-Höhenzug die Aufmerksamkeit auf diese „Theorie“ sowie die Gebiete südlich der Lippe (sog. Münsterländer und Süd-Theorie) ausgerichtet.

Anlässlich der Feierlichkeiten zum 2000. Jubiläum haben sich die Museen bei Kalkriese, Haltern und Detmold die Aufgaben sowohl für Ausstellungen als auch für die entsprechenden Veröffentlichungen so geteilt, dass Detmold die Rolle der Rezeption des Erfolges des Arminius zufiel (s. zur Dauerausstellung unten im Anhang S. 111).

Damit wäre allerdings die Rolle als Favorit für einen der vielen Örtlichkeiten des Untergangs der Varusarmee zu rasch aufgegeben. Die Germanicusarmee hatte sich westlich des Eggekamms im Quellgebiet von Ems und Lippe, nachdem sie das „äußerste“ Gebiet der Bructerer geplündert hatte, gesammelt, um die Varuskampfstätten zu besuchen, die „nicht fern“ (*haud procul:* Tac. Ann. 2,60) lagen.

Die Kampfstätten bei Kalkriese (6 km im Engpassbereich) stellen nur einen kleinen Teil der Kämpfe des Jahres 9 n. Chr. dar, die darüber hinaus wohl für den Ausgang militärisch nicht entscheidend waren. Dort haben vermutlich die Auseinandersetzungen am Ende der viertätigen Katastrophe stattgefunden. Folglich müssen die übrigen Kampforte der restlichen Tage eher südlich bzw. südöstlich davon liegen, *östlich* des Eggekamms.

Daher kann also nicht Varus von Minden aus, also von Osten her, nördlich des Wiehengebirges den Weg in seinen viertätigen Untergang gewählt haben. Wenn sich gar die Gleichsetzung des zweiten Lagers des Varus bei Tacitus mit den Resten des Walles bei Kalkriese – was zwar weniger wahrscheinlich, aber nicht völlig auszuschließen ist – bewahrheiten sollte, dann muss man annehmen, dass vorab weniger Wegstrecke als bislang angenommen (etwa B. Dreyer, 2009, S. 136–137) zurückgelegt worden ist. Es müsste folglich der nächste Weg zur Weser als Standort für das Sommerlager des Varus gesucht werden. Aber Varus ist nicht notwendig sofort nach Verlassen des Sommerlagers angegriffen worden, zumal Cassius Dio berichtet, dass die Römer bereits einige Zeit in unwegsamem Gelände mit dem Bau von Schneisen beschäftigt waren, noch bevor die Germanen angegriffen.

Damit verlieren jedoch alle Versionen der Verörtlichung der Niederlage, die der Münsterländer Theorie, also direkt nördlich der Lippe und südlich des Osning, oder die der Südtheorie (Münsterländer Bucht) zuzuordnen sind, an Bedeutung. Die Lippetheorie und insbesondere die früher favorisierte Detmoldthese behält dagegen m. E. ihre Bedeutung, da der Beginn der germanischen Angriffe hier oder etwas weiter östlich, in einer Linie zwischen der Weser bei Holzminden im Südosten und Kalkriese im Nordwesten, anzusetzen ist. Wir dürfen auf weitere archäologische Untersuchungen in diesem Areal gespannt sein.

3. Stätten römischer Herrschaft

Die historische und archäologische Bedeutung der Varusniederlage erschließt sich keinesfalls vollständig in der Analyse der literarischen und archäologischen Belege für das Jahr 9 n. Chr. Es wurde schon angemerkt, dass der germanische Sieg des Jahres 9 n. Chr. über die Varusarmee einen paradigmatischen Charakter besaß: als Ausgangspunkt für eine Reihe von germansiche Abwehrkriegen gegen den römischen Rückeroberungsversuch, die mit der Rückberufung aller römischen Truppen auf den Rhein Ende des Jahres 16 n. Chr. ihren Abschluss fanden. Um also eine angemessene Bewertung vornehmen zu können, muss im Weiteren erörtert werden, was die Kämpfe des Jahres 9 n. Chr. voraussetzten und was sie zur Folge hatten. Im gegebenen Rahmen kann die Erörterung der Herrschaft Roms in der Germania Magna und der Germanicuskriege nur ansatzweise erfolgen.

Neuss, Xanten, Mainz – die Basen am Rhein

Der Grund für die großangelegte römische Offensive in den rechtsrheinischen Gebieten ab dem Jahre 12 v. Chr., die zur Unterwerfung des westelbischen Raumes führte, waren die saisonalen Beutezüge germanischer Stämme, die östlich des Rheins siedelten, in Gallien.

Seit 27 v. Chr. hatte die Republik aufgehört zu existieren. Der Sieger nach nahezu einem Jahrhundert der Bürgerkriege war Octavian-Augustus, dessen exklusive Kompetenzen, die sich aus republikanischen Traditionen notgedrungen herleiten ließen, allerdings auch nach dem Sieg an den Erfolg geknüpft waren. Dabei war entscheidend dass es dem neuen Princeps Augustus gelang, Ruhe und Ordnung im Reich herzustellen und zu erhalten, die Grenzen zu sichern und das Reich zu erweitern. Einfälle in das römische Reich durch germanische Stämme konnten daher die Legitimation der Machtkompetenzen des Princeps empfindlich in Frage stellen und erschüttern.

Diese Einfälle veranlassten daher einen prinzipiellen Politikwechsel am Rhein. Die Strategie am Rhein war bislang durch die Vorgaben Caesars geprägt gewesen. Im Zuge der Eroberung Galliens (58–52 v. Chr.) ist Caesar zweimal nach Britannien übergesetzt und ebenso häufig hatte er auch den Rhein überquert. Die Anlässe zu diesen Expeditionen waren nicht völlig deckungsgleich, in einem trafen sich jedoch die Motive: Der Feldherr beabsichtigte, die Unterstützung für den gallischen Widerstand aus diesen Gebieten abzuschneiden. Seine Offensiven ins rechtsrheinische Gebiet führten zu keinem großen militärischen Erfolg. Er gewann Bundesgenossen unter den uneinigen Germanenstämmen, während andere sich ins unwegsame Land zurückzogen. In den Germanenexkursen seiner Darstellung über den Gallischen Krieg hatten die rechtsrheinischen Stämme eine eigenständige, wenig zivilisierte Kultur ohne städtische Siedlungen. Dieses stark von der keltischen Umgebung Caesars geprägte Bild der Germanen sollte den Zeitgenossen die Sinnlosigkeit einer weiteren erobernden Tätigkeit in diesem Raum aufzeigen. Er empfahl damit den Rhein als sinnvolle Grenze und Völkerscheide und riet von der Übersiedlung von Germanen ins linksrheinische Gebiet ab. In den folgenden Bürgerkriegen hielt man an dieser Politik fest, auch weil die Kapazitäten anderswo gebunden waren. Gelegentliche Ausgriffe über den Rhein sind zwar überliefert. Zu einer Abkehr von den caesarischen Prinzipien der Rheinpolitik führten sie aber ebenso wenig wie das erste Agrippakommando am Rhein 38/37 v. Chr. (Cass. Dio 48.49.3). Langsam löste sich Augustus während des zweiten Kommandos seines Vertrauten Agrippa am Rhein von den Vorgaben seines Adoptivvaters.

Zwischen 20 und 19 v. Chr. hatte Agrippa diese zweite Statthalterschaft inne, die am Rhein schon zu deutlichen Veränderungen führte. Sie kündigten sich wohl aber schon vorher an, wie neueste Funde bei Neuss zeigen: Das bislang älteste Lager am Rhein – neben dem Standlager auf dem Hunerberg bei Nijmegen vor 15 v. Chr. und dem Kastell auf dem Kops Plateau vor 10 v. Chr., östlich des Hunerberg – bei Neuss (Lager A 1/2) gehörte in die Zeit zwischen 19 und 15 v. Chr. Neuerdings kann man aufgrund von Keramikfunden, die sich mit Vergleichsexemplaren in Trier aus den Jahren 30/29 v. Chr. (dendrochronologisch gesichert) vergleichen lassen, ebenda ein erheblich früheres Lager am Zusammenfluss von Erft und Rhein erkennen und damit auf eine wesentlich frühere Präsenz von römischen Soldaten dort schließen (M. Kaiser). Es wäre denkbar, dass Anfang der Zwanzigerjahre, als man Spanien schon einmal befriedet glaubte und demonstrativ die Schließung des Ianustempels im Jahr 25 v. Chr. nach der Niederwerfung Nordspaniens beschloss, ein erster Anlauf – u. a. mit der Verlegung der Truppen auch an den Rhein bei Neuss – zur Eindämmung der Unruhen vorgenommen wurde, die germanische Stämme verursachten (Cass. Dio 51,21,6; 53,26,4).

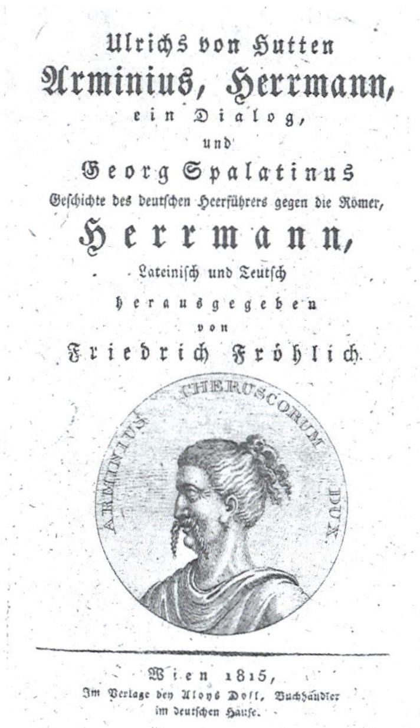
Ulrichs von Hutten
Arminius, Herrmann,
ein Dialog,
und
Georg Spalatinus
Geschichte des deutschen Heerführers gegen die Römer,
Herrmann,
Lateinisch und Teutsch
herausgegeben
von
Friedrich Fröhlich.

ARMINIUS CHERUSCORUM DUX

Wien 1815,
Im Verlage bey Aloys Doll, Buchhändler
im deutschen Hause.

Abb. 1: Deckblatt der lateinisch-deutschen Ausgabe des lateinischen „Arminius Dialogus“ des Jahres 1538 von Ulrich von Hutten, herausgegeben von Melanchthon, mit Phantasiebild des Cheruskers.

Abb. 2: Münzbild mit Konterfei des Varus als Statthalter der Provinz Afrika aus Hadrumentum: Hier agierte er ebenso erfolgreich wie als Statthalter in Syrien, bevor er als Oberbefehlshaber der Rheinlegionen die Entstehung der Provinzen in der Germania Magna forcieren sollte.

Abb. 3: Der Caelius-Stein für den mit seinem Gesinde im „Varus-Krieg“ verstorbenen Zenturio Marcus Caelius (Rheinisches Landesmuseum Bonn).

Abb. 4a und b: Sog. Altarmünze mit Bild des Altars für den Loyalitätskultes für „Roma et Aug(ustus)“ und mit einem Gegenstempel des Varus („VAR“) auf der „Rückseite“ (Revers), die Vorderseite zeigt das Konterfei des (Imperator Iulius) Caesar (Augustus) Pont(ifex) Max(imus).

Abb. 5: Paradefund der Ausgrabungen von Kalkriese: der eiserne Kern der Gesichtsmaske eines Paradehelms, an dem die Spuren der germanischen Plünderungen am Rand zu erkennen sind.

Abb. 6: Die Karikatur nimmt die Folgen der Ausgrabungen von Kalkriese aufs Korn.

Abb. 8: Blick auf das Ausgrabungsgelände von Kalkriese bei Osnabrück mit dem angenommenen Wallverlauf auf der 60 m Höhenlinie sowie mit der Lage der Ausstellungsgebäude.

Abb. 7: Das Modell des (am besten ergrabenen) Haltener Hauptlagers aus der Zeit der Okkupationsphase in der Germania Magna (8 v. -9 n.Chr.) zeigt die normierte Struktur eines römischen, auf Dauer angelegten Lagers östlich des Rheins. Dieses Lager bildete ein Glied in der Kette von römischen Lagern entlang der Einfallstraße an der Lippe.

Abb. 9: Blick auf die Rekonstruktion eines Teils des (germanischen?) Walls im Engpass von Kalkriese, der vor dem Wald am Berghang kaum vom Engpass aus erkennbar war.

Abb. 10: Rekonstruiertes Forumsgebäude von Waldgirmes an der Lahn, ein archäologischer Beleg für die „Städte in Gründung" nach den literarischen Aussagen (Dio und Tacitus).

Abb. 11: Postkarte o.J.: Adolf Hitler mit dem Hermanns-Denkmal zu Detmold im Hintergrund.

Abb. 12: Hermanns-Denkmal in New-Ulm, Minnesota (USA).

Abb. 13: Ein Fragment der Tabula Siarensis, welche die Totenehren für Germanicus im Jahre 20 n.Chr. enthält, hier mit den Angaben für die Gestaltung des „dritten Bogens" bei Mainz.

Abb. 14: Portrait des Germanicus (Typ Gabii) 37/54 n.Chr.

Am Ende des Jahrzehnts versuchte man dann, den Druck auf den Rhein auf andere Art, als Caesar geraten hatte, zu mindern: Die Ubier wurden – nicht während der ersten Statthalterschaft des Agrippa, wie früher angenommen wurde (D. Kienast 2009, S. 356–7) – links des Rheins im *oppidum Ubiorum* angesiedelt, wo später Köln entstehen sollte (W. Eck 2004). Mit den Chatten, die dafür östlich des Rheins an die Siedlungsorte der Ubier nachzogen, wurde ein Vertrag auf 10 Jahre geschlossen, der auch hielt. Ein weiterer Vertrag (*foedus*) wurde mit den Sugambrern (die etwa im Raum Düsseldorf siedelten) geschlossen. Die Verbindung mit dem Hinterland auch im Sinne eines verbesserten Truppentransportes wurde durch den Bau einer Straße gewährleistet, die von Metz über Trier (bei der ersten, dendrochronologisch datierten Moselbrücke) an den Rhein führte. Man wollte folglich mit Verträgen und Umsiedlungen die Rheingrenze stabilisieren. An der Vorgabe Caesars, jegliche Okkupation rechts des Rheins zu vermeiden, hielt man jedoch noch fest.

Eine Niederlage sollte aber hier eine grundlegende Veränderung herbeiführen: die des Lollius im Jahre 16 v. Chr. Dabei waren, wie Sueton feststellt, die Folgen größer als der tatsächliche Schaden (Vita des Augustus 23,1 (vgl. Tac. Ann. 1,10,4)): „Er [Augustus] erlitt überhaupt nur zwei heftige und schändliche Niederlagen, die des Lollius und die des Varus, beide in Germanien. Die Niederlage des Lollius bedeutete mehr Schande als Schaden, diejenige des Varus brachte beinahe den Untergang, weil drei Legionen mit dem Anführer und die Legaten und alle Auxilien zugrunde gegangen waren."

Das Ausmaß der Peinlichkeit der Lolliusniederlage stellte auch Velleius Paterculus heraus, der die Germanienkriege unter dem Oberkommando des Tiberius miterlebte (Vell. Part. 2,97,1–2):

„Aber während in diesem Teil [Pannonien] des Reiches alles sehr günstig verlief, musste in Germanien eine Niederlage unter dem Legaten Marcus Lollius hingenommen werden. Diesem Mann war in allem das Streben nach Geld wichtiger als das rechte Handeln, und er war verabscheuungswürdig wegen der überhand nehmenden Praxis, seine Fehler zu verheimlichen. Der Verlust des Adlers der fünften Legion ließen den Caesar [Augustus] von der Stadt Rom in die gallischen Provinzen eilen. Die Verantwortung und die Last des germanischen Krieges wurden daraufhin dem Drusus Claudius übertragen, dem Bruder des Nero."

Die Niederlage des Lollius hatte den Princeps folglich vor allem in seinem Auftrag der Sicherstellung der Ordnung und der Verteidigung der Grenzen herausgefordert. Über die Umstände der Niederlage informiert am ausführlichsten Cassius Dio:

„Der größte aber der Kriege, die damals die Römer zu bewältigen hatten, der gar auch den Augustus aus der Stadt Rom heraustrieb, war derjenige gegen die Germanen. Die Sugambrer nämlich und Usipeter und Tenkterer ergriffen zuerst im eigenen Land einige Römer und kreuzigten sie. Darauf überschritten sie den Rhein und plünderten Germanien (!) und Gallien. Die Reiterei der Römer, die heranzog, wurde überraschend überfallen. Und als sie diejenigen, die flohen, verfolgten, gerieten sie unerwartet an Lollius, den Statthalter dieser Provinz, und besiegten auch diesen. Wie Augustus dies erfuhr, eilte er schnell gegen diese, doch gab es für ihn kein Kriegswerk mehr zu tun. Als die Germanen nämlich erfuhren, dass Lollius rüstete und Augustus gegen sie zog, wichen sie in ihr Gebiet zurück, schlossen Frieden und stellten Geiseln." (Cass. Dio 54,20,4–6)

Diese Niederlage bildete den Höhepunkt in einer ganzen Reihe von Grenzverletzungen durch die sommerlichen Beutefeldzüge der Germanen in den linksrheinischen Raum. Die Verträge und Umsiedlungsmaßnahmen hatten also die Grenzverletzungen nicht beendet. Es musste also etwas geschehen.

Das Ausmaß der Wende, die durch diese Niederlage veranlasst wurde, mag dadurch deutlich werden, dass Augustus für die nächsten drei Jahre selbst an den Rhein kam, um eine neue Politik auch gegenüber den rechtsrheinischen Gebieten einzuleiten. Günstig war, dass es Augustus gerade endlich gelungen war, Spanien zu befrieden. Die Truppen, die dort frei wurden, konnten an den Rhein verlegt werden, was darauf hindeutet, wo die größten Probleme im Westen bzw. Norden gesehen wurden. Diese Verlegung kann archäologisch bzw. numismatisch nachgewiesen werden (P. García-Bellido, in Lehmann/Wiegels 2007). Die Truppen waren gerade in der Guerillakampftaktik erfahren, zu der einheimische Stämme gegen römische Eroberungsambitionen greifen konnten.

Schon sehr früh bildeten sich die Stationierungsschwerpunkte aus, die dann auch für die Okkupationsphase und auch für die Zeit danach wichtige militärische Zentren blieben: Etwa fünf bis sechs Legionen hatten nun vornehmlich in Xanten und Mainz Station bezogen. Der Grund für die Stationierung gerade dort war die gute Ausgangsposition an den Mündungen der rechtsrheinischen Flüsse Lippe und Main sowie gegenüber der Wetterau.

Die Flüsse waren die Schnellstraßen, auf denen die Römer die Feinde mit großer Truppenzahl und gesichertem Nachschub im Rücken ergreifen konnten, bevor es den Germanen gelingen konnte, sich in die Wälder zurückzuziehen. Damit reagierte man auf die Warnungen Caesars vor den unwirtlichen Weiten dieses aufgrund der klimatischen und geographischen Bedingungen schwer bezwingbaren Landes, in dem es darüber hinaus keine Städte, keine überregionalen religiösen, politischen und sozialen Institutionen gab. Die Gegner waren halbnomadische Stämme, die sich schon bei den Vorstößen Caesars ins bewaldete Hinterland unerreichbar zurückgezogen hatten. Günstiger Weise durchzogen die Wasserstraßen das rechtsrheinische Gebiet wie ein Gitternetz: Neben den „nassen Grenzen“ Rhein und Donau durchzogen die angesprochenen Flüsse Lippe und Main die Germania Magna von Ost nach West und mündeten in den Rhein. Die Lippe war immerhin bis zum Eggekamm schiffbar und bildete daher auch archäologisch verifizierbar einen Schwerpunkt der kommenden Offensive (S. von Schurbein, in: Baltrusch/Hegewisch/Meyer/Puschner 2012, 135–148). Der mäandrierende Main war nicht ganz so ideal, erfüllte aber durchaus seine Funktion bei der angesprochenen Offensive im Jahre 6 n. Chr. (Marktbreit). Wichtige „Pisten“ waren auch die Flüsse Ems (Amisia), Weser (Visurgis) und Elbe (Albim), die das Land mehr oder weniger von Süden nach Norden durchschnitten. Die Elbe führte immerhin bis zum mittleren Lauf genügend Wasser für Truppentransporte, während die Weser bis zum Durchbruch an der Porta Westfalica für Schiffe erreichbar war. Auf der Elbe etwa konnte man so tief in das Siedlungsgebiet der Semnonen und Langobarden, die auf beiden Seiten des Flusses siedelten, (wie im Jahre 5 n. Chr. auch geschehen) vordringen.

Weiter östlich ist kein vergleichbares „Gitternetz“ mehr vorhanden. Das gesamte Gebiet bis zur Elbe war dagegen prinzipiell schnell von der römischen Armee erfassbar, die hinsichtlich der Mobilität noch alle Qualitäten der Zeit der römischen Bürgerkriege – im Gegensatz zu späteren Zeiten – besaß und dazu nunmehr unter dem einheitlichen Willen des im Bürgerkrieg siegreichen Augustus stand. Die weiteren Maßnahmen, die in den Jahren nach 16 v. Chr. ergriffen wurden, zeigen, dass dies auch so erkannt wurde. Ein Kanal wurde vom Niederrhein (bei Arnheim) aus zum Ijsselmeer angelegt, der eben gerade das wichtigste Transportmittel der Römer auch entlang der Nordseeströme Ems, Weser und Elbe einsetzbar machte, um mit großen Truppenverbänden schnell den Feind zu umfassen. Die Anlage des Kanals war nach den antiken Quellen ein riesiges Vorhaben (Suet. Claud. 2–4; Tac. Ann. 2,8). Seine genaue Lage ist jedoch bis heute noch nicht geklärt. Er erfüllte in jedem Fall seinen Zweck nur, wenn die geplante Offensive von Anfang an den gesamten germanischen Raum bis wenigstens zur Elbe einschloss.

Die Kämpfe der folgenden Jahre waren demnach nicht die Folge einer ungewollten Eskalation, wie lange angenommen wurde (D. Timpe 1967), sondern ein langfristig geplanter Eroberungsfeldzug, der freilich genau gezogene Grenzen hatte: Die Feldzüge, die zur Eroberung des Alpenvorlandes bis zur Donau führten, folgten einem eigenen Kalkül. Sie gehörten nicht zu einem umfassenden Eroberungskonzept, das gleich alle Gebiete nördlich der Alpen bis zur Elbe einschloss (so K. Kraft 1973, S. 192). Der Feldzug zur Eroberung der Gebiete bis zur Donau sollte vielmehr dem Schutz der oberitalischen Gebiete dienen und die Kommunikationswege nördlich der Alpen sichern. Sie setzten bereits im Jahre 16 v. Chr. ein und wurden vermutlich durch ein koordiniertes Vorgehen des Drusus und Tiberius, an denen auch Varus beteiligt war, noch im Jahre 15 v. Chr. erfolgreich beendet. Dafür wurden beide Feldherrn auch offiziell geehrt. Horaz dichtete eine Siegeshymne (Hor. 4,14,34 f.). Alles deutet darauf hin, dass dieses erfolgreiche Unternehmen als eigenständig und unabhängig vom Vorgehen in der Germania Magna beurteilt wurde.

Auf die Germania Magna bezogen befahl Augustus, dass die Elbe nicht überschritten werden durfte (Strab. 7,1,4). Die Siegesdenkmäler an der Elbe, die Drusus errichten ließ, bedeuteten nach der Tradition der antiken Eroberer in der Nachfolge Alexanders des Großen immer auch geographisch das Ziel und Ende der Eroberungen. Auch in diesem Fall hielt Augustus demnach sein Ziel für erreicht, wie durch die demonstrativ-programmatische Erweiterung des *pomerium*, der „sakralen" Stadtgrenze Roms, und durch die Gewährung eines Triumphes für Tiberius im Jahre 7 v. Chr. dokumentiert wurde.

Genauso fasst es auch Velleius Paterculus, der Parteigänger des Tiberius, zusammen: „Die Verantwortung und die Last des germanischen Krieges wurden daraufhin dem Drusus Claudius übertragen, dem Bruder des [Tiberius] Nero. Er war ein junger Mann mit so vielen großen Anlagen, wie der Natur nach ein Sterblicher erhalten oder durch Fleiß vervollkommnen kann. Ob nun sein Talent eher im Kriegshandwerk oder für die bürgerliche Laufbahn geeignet war, lässt sich nicht bestimmen. Man sagt, dass mit Sicherheit die Sanftheit seines Charakters und Freundlichkeit sowie seine Haltung – gerecht gegenüber den Freunden und gar nicht überheblich – nachahmenswert gewesen sei. Doch raffte ihn die Ungunst der Schicksalsschläge als Konsul mit dreißig Jahren dahin, ihn, der Germanien größtenteils bezwang, nachdem er ein großes Blutbad in diesem Volk an verschiedenen Orten angerichtet hatte. Die Bürde dieses Krieges wurde daraufhin Nero [= Tiberius] übertragen: Und diese Aufgabe erfüllte er mit der ihm eigenen

Tatkraft und Fortune. Er durchzog alle Teile Germaniens siegreich ohne irgendeinen Schaden für das ihm anvertraute Heer. Darauf war er als Heerführer immer besonders bedacht. Und er bezähmte Germanien derart, dass er es beinahe zur steuerpflichtigen Provinz (*forma paene stipendiariae provinciae*) machte. Daraufhin wurde ihm ein zweiter Triumph zusammen mit einem zweiten Konsulat übertragen." (Vell. Pat. 2,97,2–4)

Weiter ordnete Augustus zur Vorbereitung der Eroberung den rückwärtigen Raum neu: Er gliederte Gallien in drei neue Einheiten (Belgae, Gallia Comata und Aquitania s. Karte 3, S. 21), die fortan neu erfasst auch für die Verpflegung der Legionen am Rhein zu sorgen hatten. Dann übergab er seinem jüngeren Stiefsohn Drusus das Oberkommando über die zwei Legionen in Mainz, die zwei in Xanten und die eine Legion in Neuss, während der ältere Stiefsohn Tiberius auf die Eroberung des pannonischen Raums (mit erfolgreichem Ausgang) angesetzt wurde (12–9 v. Chr.).

Zur Vollendung der Vorbereitungen durch den Stiefvater weihte Drusus nach der Übernahme des Oberkommandos in Lugdunum im Jahre 12 v. Chr. einen Altar für Roma und Augustus, an dem ein Loyalitätskult durch die Repräsentanten aller *civitates* (Stämme) der drei gallischen Provinzen unter der Leitung eines Erzpriesters durchgeführt werden sollte, wenn sie sich für den ebenfalls neu gegründeten Landtag ebendort trafen. Um die Leistungsfähigkeit der gallischen Provinzen für die folgenden Feldzüge zu taxieren, führte Drusus weiter einen Zensus durch. Den konkreten Anlass für den Angriff lieferten dann wieder die Germanen, die in gewohnter Weise, trotz aller Verträge und Beteuerungen zuvor, über den Rhein zu Beutezügen vorstießen. Damit war vor der römischen Öffentlichkeit der notwendige Kriegsgrund für einen längst beschlossenen Feldzug gegeben (*bellum iustum*): der Angriff auf das eigene Land oder das der Bundesgenossen.

Oberaden und Haltern

Dieser Angriff setzte mit einer Offensive mitten ins Chaukengebiet vom Niederrhein aus auf der Flotte ein. Im Jahre 11 v. Chr. drang Drusus über die Lippe bis ins Gebiet der Cherusker an der Weser vor. Er geriet aber – symptomatisch für die weiteren Feldzüge – mit seinem Heer auf dem Rückzug zu den Winterlagern bei Arbalo in eine Krise. Noch in diesem Jahr wurde in Oberaden nahe der Lippe ein Marschlager mit ca. 56 ha in der für diese Zeit typischen polygonalen Bauweise errichtet. Diese genaue Datierung des Lagerbaus basiert auf dendrochronologischen Datierungen,

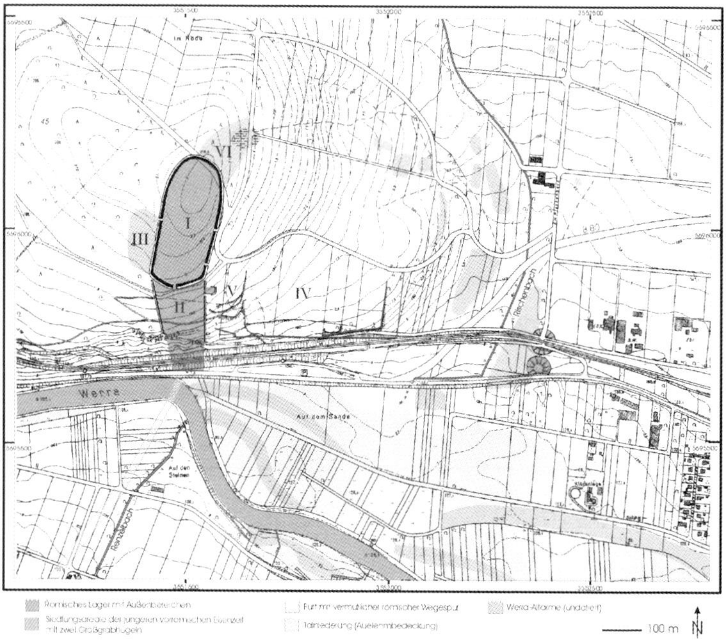

Karte 10 Blick auf die Lager von Hedemünden.

mit denen ein Fälldatum im Jahre 11 v. Chr. erschlossen werden kann. Nach diesem Lager werden alle militärischen Anlagen der sog. Offensivphase einem „Oberadenhorizont“ zugerechnet, in denen die Nemausus-Asse (bis 8 v. Chr.) dominieren und die Lager datieren helfen.

In diesen Horizont gehören auch die Lager von Holsterhausen (hier insgesamt neun), Olfen und Beckinghausen an der Lippe. Des Weiteren datieren auch das Versorgungslager in Rödgen mit 3,3 ha in der Wetterau und der Lagerkomplex um das Lager I in Hedemünden mit 3,2 ha nahe bei Göttingen sowie das Lager bei Dangstetten in diese Zeit. Der Lagerkomplex bei Hedemünden (Karte 10) ist nicht nur der jüngste Fund, sondern er liegt unter dem bislang entdeckten Lager der Germania Magna am weitesten entfernt vom Rhein. Zu dem Komplex gehören neben dem Ausgangslager I die Lager II bis VI, deren Lage wichtige Erkenntnisse zur Marschtrasse von Südwesten her und weiter nach Nordosten Richtung Göttingen entlang der heutigen A7 liefern (ausführlich K. Grote 2012).

Alle Lager dieses „Horizontes“ werden mit der Unterwerfung der Stämme zwischen Rhein und Elbe im Jahre 8 v. Chr. planmäßig aufgelassen.

Dafür werden andere, kleinere Lager besonders entlang der Einfallstraßen gebaut, besonders (im Vergleich zum Main und der Wetterau) entlang der Lippe das Hauptlager von Haltern, das schließlich 18 ha groß war, und Anreppen mit 23 ha nahe der Quelle der Lippe. Diese Lager des sog. Halternhorizontes waren im Unterschied zu den Marschlagern des Oberadenhorizontes langfristig belegt und dementsprechend ausgebaut, wenn die Anlage von Anreppen auch erst nach der Zeitenwende und vielleicht im Rahmen des Demonstrationsfeldzugs des Tiberius im Jahre 5 n. Chr. anzusetzen ist, der ihn bis zur Elbe führte. Die Hauptbasen verblieben am Rhein; daneben scheint der Flusslauf der Lippe ein dauerhafter Schwerpunkt der Präsenz römischer Soldatengewesen zu sein. Eine (nicht genau benannte) Schwerpunktsetzung dauerhafter militärischer Präsenz in einigen Bereichen der Germania Magna gibt auch der Bericht des Cassius Dio wieder (Cass. Dio 56,18). Diese Lager haben die Varuskatastrophe vermutlich nicht lange überdauert.

Im Jahre 10 und 9 v. Chr. stieß Drusus über den Main gegen die Chatten sowie die Markomannen und Quaden aus dem Suebenverband vor. Der Zug führte ihn bis zur Elbe, wo er ein Tropaion demonstrativ zur Markierung des römischen Herrschaftsanspruchs aufstellte. Es soll dem Feldherrn das Traumbild einer übermenschlich großen, germanischen Frau erschienen sein, die ihm sein nahes Ende verhieß. Man hat diese Episode in der Forschung als literarische Verarbeitung einer militärischen Niederlage interpretiert (D. Timpe 1967). Tatsächlich starb der Feldherr nach einem Sturz vom Pferd im Sommer in Scelerata (= Hedemünden?) tief im Innern Germaniens. Der Nachfolger war sein Bruder Tiberius, der mit nur einem Mann Bedeckung durch Germanien ritt – ein Zeichen, wie weit die Unterwerfung schon vorangeschritten war – und seinen Bruder Drusus im Sommerlager noch lebend antraf.

Bereits im nächsten Jahr unterwarfen sich die Stämme zwischen Rhein und Elbe (nach Aufidius Bassus und Velleius Paterculus). Der Sugambrerverband, von dem die Unruhen ausgingen (Strab. 7,1,4), wurde aufgelöst. Das *pomerium* wurde erweitert, ein Triumph dem Tiberius gewährt. Doch bislang war die Provinzialisierung noch unvollständig bzw. unvollendet (Vell. Pat. s. o.: *paene*). So klar das Ziel, der Umfang der Operationen und das Erreichte scheinen, die antiken Berichte divergieren in der Zumessung der Verdienste und des Erfolges Velleius Paterculus betont den Beitrag des Tiberius an der Niederwerfung. Ähnliche Sympathien haben wohl Strabon und vermutlich auch Aufidius Bassus als Autoren der tiberianischen Zeit gehegt. Die Geschichtsschreibung aus der Zeit des Kaisers Claudius hat dagegen den Beitrag

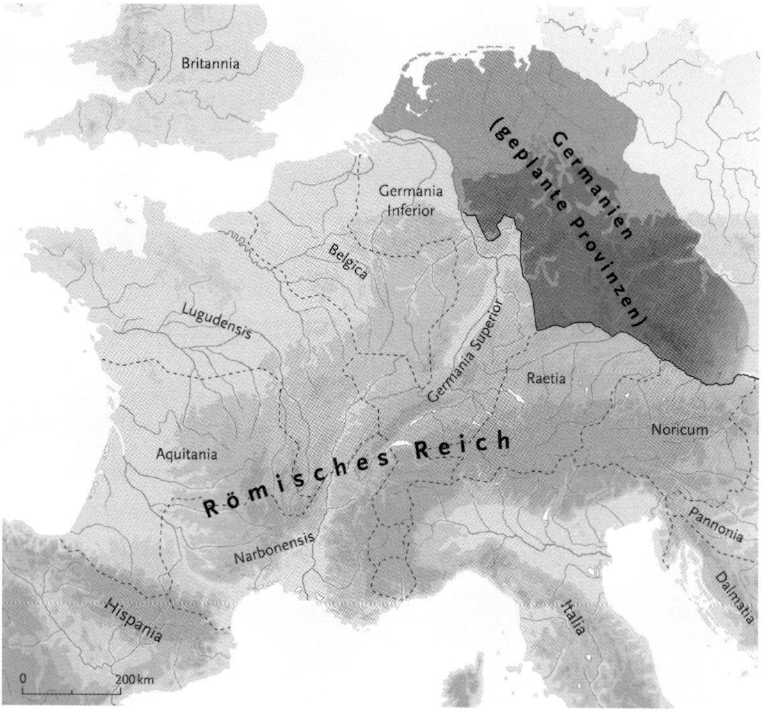

Karte 11 Ausmaß der Eroberungen 12–8 v. Chr. in der Germania Magna, wo mindestens zwei Provinzen entstehen sollten.

des Drusus hervorgehoben. Dazu gehört Plinius der Ältere, der Tacitus als Quelle diente. Aber auch der augusteische Historiker und Verfasser der römischen Geschichte seit der Gründung Roms in 142 Büchern, Livius, hatte das Wirken des Feldherrn Drusus durchaus betont. Immerhin ließ er mit dessen Tod im Jahr 9 v. Chr. seine Nationalgeschichte enden.

Diese zeitgenössische Diskussion erleichtert uns heute die Zumessung der Anteile an der Eroberung nicht gerade. Darüber hinaus konzentrieren sich unsere Quellen auf die Oberbefehlshaber. Unsere Hauptquelle über die Drususfeldzüge, Cassius Dio, dessen Bericht ohnehin nicht sehr ausführlich ist, orientiert sich an den Handlungen des jüngeren Schwiegersohns des Princeps. Wir müssen aber vermuten, dass gleichzeitig mit den Kampagnen des Oberkommandeurs zunächst vom Niederrhein aus im Jahre 12 und 11 v. Chr. mit den zwei bis drei Legionen von Xanten und Neuss sowie dann im Jahre 10 und 9 v. Chr. von Mainz mit mindestens zwei Legionen auch seine Legaten vom jeweils anderen Hauptstützpunkt

Karte 12 Die belegten Feldzüge des Drusus (12–9 v. Chr.).

aus Angriffe nach Osten vortrugen. Diese Feldzüge sind wegen der „Prinzenperspektive" des Autors nicht angesprochen wurden. Die Annahme von Zangenoperationen entspräche zumindest aber dem raumgreifenden Gesamtplan der Eroberung bis zur Elbe, wie er von Augustus konzipiert worden war. Mit ähnlichen Zangenbewegungen hatte nach dem Bericht des Tacitus Germanicus zwischen 13 und 16 n. Chr. auf Befehl des Augustus die Rückeroberung der Germania Magna betrieben.

Auch die Politik Roms zur Sicherung der gewonnenen Gebiete fand keinen reichen Niederschlag in den Quellen. Nur Cassius Dio hat diese in knappen Worten, wenn auch auf guter Quellenlage skizziert (Cass. Dio 56,18). Als Grund hierfür wird angegeben, dass die Maßnahmen wenig spektakulär gewesen sind. Von diesen verhaltenen Notizen ausgehend hatte man zeitweilig bezweifelt, dass es überhaupt eine römische Kontrolle der Germania Magna gegeben hat, von einigen Brückenköpfen abgesehen (K.–W. Welwei 1986). Mittlerweile haben jedoch archäologische Funde den Bericht des Cassius Dio insoweit ausgeleuchtet, dass eine derartige Annahme nicht mehr möglich ist: Die militärischen Lager des sog. Halternhorizontes entlang der Einfallstraßen Lippe, in geringerem Ausmaß Main und Wetterau sind schon seit Längerem bekannt. Das Hauptlager von Haltern selbst im typisch rechteckig normierten Aufbau mit einer festen Holz-Erde-Mauer in mehreren Ausbauphasen besonders nach Osten umfasste schließlich 18 ha (s. Abb. 7).

Im Innern zeigen Gebäude mit ziviler Funktion, dass hier wohl ein administratives Zentrum im rechtsrheinischen Raum entstanden ist. Neben mehreren weiteren Lagern in der Umgebung entlang der Lippe, die in einer Entfernung von etwa einem Tagesmarsch einer Armee (also ca. 18 km) zueinander aufgebaut worden waren, sind es insbesondere auch die Lagerdörfer mit einheimischer Bevölkerung – nicht nur in Haltern –, die zeigen, was Cassius Dio meinte, wenn er schrieb, dass sich Germanen an Märkte gewöhnten, um über die reine Subsistenzwirtschaft hinaus, auch ihre Überschüsse dort feilzubieten, wo es Abnehmer gab. In der Nähe der römischen Lager sind römische Straßen nachgewiesen, die den Transport von Waren und natürlich den Marsch der Armee ins Innere Germaniens erleichterten. Ein Bohlenweg (*pontes longi*), der während der Statthalterschaft des Ahenobarbus kurz vor der Zeitenwende erbaut wurde und von Xanten an die mittlere Ems führte, ist literarisch überliefert. Mehrere dieser Art sind anzunehmen, um auch die Ressourcen der Germania Magna an den Rhein heranzuführen.

Weitere Lager östlich des Rheins sind belegt, die sich allerdings nur grob in die augusteische Zeit einordnen lassen: das 2008 entdeckte Lager bei Minden, die im Jahre 2012 in einer Rettungsgrabung bei Limburg an der A3 gesicherten Lager I, das man zunächst der Drususoffensive zugeordnet hatte, und Lager II, das in den Halternhorizont datiert wurde. Jetzt verdichten sich allerdings die Indizien, dass die Lager bereits in der Zeit der Caesaroffensiven 55 und 53 v. Chr. angelegt wurden. Bei vielen Lagern kann eine Zuordnung zur Offensiv-, zur Herrschafts- oder zur Germanicusphase nicht eindeutig erfolgen. Zu nennen wären etwa das Lager Dorlar, östlich von Waldgirmes aus der Zeit kurz nach der Zeitenwende, das Lager Oberbrechen im Landkreis Limburg-Weilburg und das Lager Kneblinghausen an der Lippe. Weiter gehören andere Lagerspuren unmittelbar entlang des Flusslaufs rechts des Rheins zu dieser Kategorie, wenn nicht hier noch die Interpretation als Übungslager für die Zeit nach 16 n. Chr. in Frage kommt, mit deren Anlage die römischen Truppen den Lagerbau trainierten (R. Wolters 2011, Kap. 8).

Das Ende der Existenz der meisten Lager des Halternhorizontes ist zwar wahrscheinlich im Zuge der Ereignisse des Jahres 9 n. Chr. anzunehmen, doch keineswegs sicher. Inwieweit einige dieser Lager noch ein Nachleben in der nachfolgenden Germanicusphase hatten, ist bis auf einen einzigen Fall, zu dem wir später kommen werden, ungewiss. Das Lager von Anreppen in der Nähe des Quellgebiets der Lippe und des Eggekamms ist vermutlich nicht sofort nach der Unterwerfung gegründet worden. Seine Anlage erfolgte entweder im Kontext des *immensum bellum*, eines Krieges, der sich infolge eines überregionalen Aufstandes von germanischen Stämmen einstellte, oder während des Feldzuges des Oberbefehlshabers Tiberius bis an die Elbe. Hier wollte die römische Armee nach der Niederschlagung des Aufstandes im „großen Krieg" im Paradeornat den Langobarden und Semnonen an der Elbe imponieren und von der Unterstützung von weiteren Aufständen westlich der Elbe oder von einer Unterwerfung unter das starke Marbodreich abhalten. Doch nicht nur hier waren Lager zu finden. In der Wetterau wurde bei Frankfurt-Höchst, Trebur Geinsheim und auf dem Friedberg dauerhaft Stellung bezogen, nachdem das Versorgungslager Rödgen aus der Okkupationsphase ausgedient hatte. Das temporär belegte Lager bei Dorlar im Lahntal wurde erwähnt, ebenso wie das Lager am Unterlauf der Lahn bei Brechen-Oberbrechen, das wohl den Abbau von Bleierzvorkommen absicherte und als Zwischenstation zwischen den römischen Positionen am Rhein und Waldgirmes diente. Die Lahn stellte daher eine wichtige Achse für den zivil-wirtschaftlichen Kontakt in den germanischen Raum dar (K. Ruffing/A. Becker/G. Rasbach 2010). Der Abbau von Bleierzen hat ohnehin das römische Interesse geweckt, nicht nur hier, sondern auch im Sauerland. Auch bei Hedemünden sind nach der Offensivphase römische Soldaten präsent gewesen. Hier ist das Halseisen gefunden worden, an dem man gerne die literarisch belegte Anwendung der römischen Rechtsprechung festmachen wollte (B. Dreyer 2009, S. 111–112). Eine Nutzung gerade aber auch zur Disziplinierung der römischen Soldaten ist jedoch nicht auszuschließen.

Die Lager bei Marktbreit sind erwähnt worden. In der ersten Phase wurde ein kleines Beobachtungslager an herausgehobener Lage südlich des Mainknies bei Marktbreit errichtet. Von dieser Position aus sollten vermutlich die von den Römern tolerierten, teilweise initiierten und dann kontrollierten Stämmeumsiedlungen nach Süden (Hermunduren) und Südosten (Markomannen und Quaden) in das böhmische Becken, wo das Marbodreich entstand, überwacht werden (s. o. S. 21). Auch im Nordwesten wurde der Sugambrerverband gleich nach der Kapitulation der

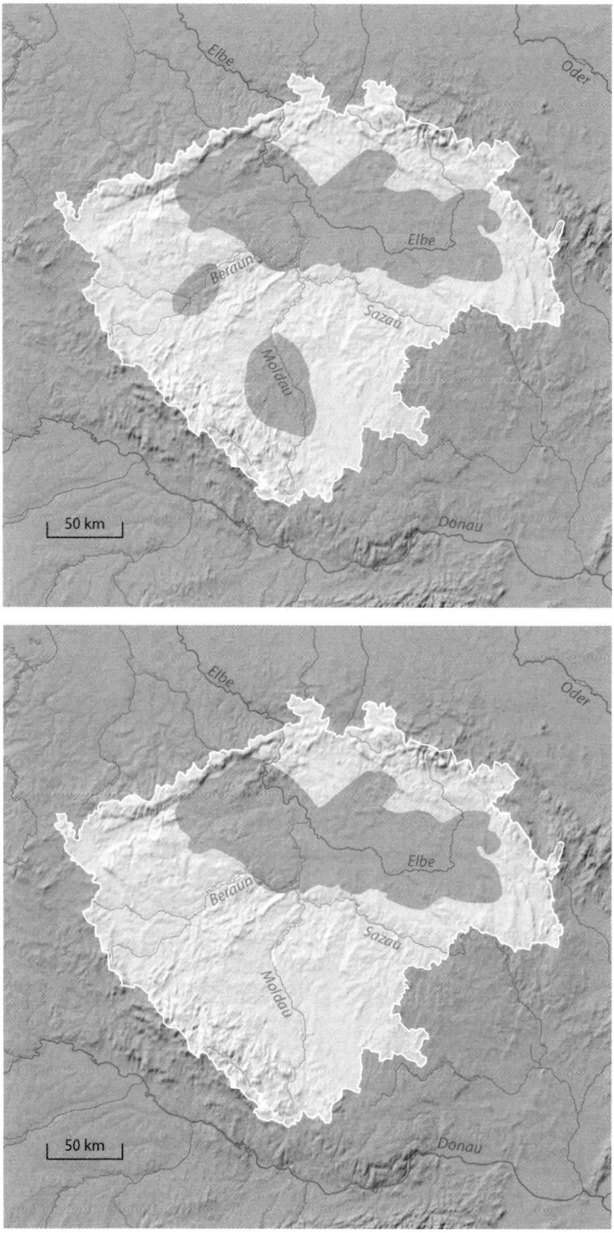

Karte 13 Kerngebiet des Marbodreiches im Böhmischen Becken mit der archäologisch verifizierbaren Besiedlung in den letzten Jahrzehnten v. Chr. (oben) und in der ersten Hälfte des 1. Jhs. n. Chr. (unten).

westelbischen Stämme aufgelöst. Erst später kam in Marktbreit das größere Marschlager hinzu, das beim Zangenangriff auf das Marbodreich im Jahre 6 n. Chr. errichtet worden ist.

Lagerkorridore und Umsiedlungen waren aber nur die eine Seite römischer Herrschaft: Kontrolle aber über die halbnomadischen Stämme in allen Teilen der eroberten Germania Magna übten die Römer insbesondere dadurch aus, dass die Stämme Auxilien stellten, die nicht zuletzt als Unterpfand der Neutralität ihrer Stämme dienten. Arminius' römische Karriere, die bereits erörtert wurde, und die seines Bruders Flavus hatte hier ihren Anfang.

Es wird zunehmend deutlicher, dass die Römer an der Germania Magna auch ein wirtschaftliches Interesse hatten. Mehrere Abbaugebiete von Bleierzen sind inzwischen bekannt, in denen auch in der Zeit der römischen Okkupation Ausbeutung stattfand, in der „Kontaktzone" Lahn und im Sauerland (bei Brilon). Bleibarren, deren Herkunft aus dem Sauerland nachgewiesen werden konnte, wurden auf Schiffwracks entdeckt. Einige Barren sind beschriftet, einer trägt die Aufschrift *plumbum Germanicum Augusti*, die für manche Experten als wichtiges Indiz für die tatsächliche herrschaftliche und privatwirtschaftliche Durchdringung Germaniens gilt, an welcher der Princeps offensichtlich auch ein ganz persönliches Interesse hatte (u. a. W. Eck 2004 [2006]).

Es war gerade die Taktik, die Cassius Dio beschrieb und die archäologisch immer dichter belegt werden kann, dass die Germanen auf lange Sicht an die Mittelmeerkultur herangeführt werden sollten. Unmerklich sollten die Germanen die Vorteile dieser Kultur genießen, um dafür bereitwillig ihre frühere Freiheit aufzugeben. Bei einer solchen Taktik hatte man behutsam vorzugehen, insbesondere in der Frage der Tributeintreibung und in der Anwendung des römischen Rechts. Offenbar hatte man dafür eine finanzielle Entschädigung durch den Abbau der Ressourcen Germaniens gesucht. Gleichwohl werden auf diese Weise die germanischen Provinzen, von denen mindestens zwei im Aufbau begriffen waren, zunächst noch nicht viel Geld abgeworfen haben. Im Gegenteil: Die Kosten werden den Gewinn bei Weitem überwogen haben, da fünf bis sechs, nach der Vasuskatastrophe gar acht Legionen am Rhein zu finanzieren waren. Am Ende der Germanicusfeldzüge waren die gallischen Provinzen, welche den Nachschub für die kämpfenden Soldaten zu finanzieren hatten, ausgeblutet. Die Frage war also: Würde das Geld länger reichen und die Geduld auf römischer Seite beständiger sein als die Erinnerung der Germanen an ihre alte Freiheit?

Die ara Ubiorum und Waldgirmes

Die Romanisierung, also die unmerkliche, eher freiwillige Annahme römischer Sitten, wäre vollkommen gelungen, wenn die Germanen bereit gewesen wären, sich zu gemeingermanischen Landtagen einzufinden und in Städten zu wohnen, wie es in Gallien bereits der Fall war.

In der Tat strebte man wohl direkt nach der Unterwerfung für die geplanten germanischen Provinzen Organisationsformen an, wie sie für die drei gallischen Provinzen in Lyon existierten: einen Loyalitätskult für Roma und Augustus mit einem Landtag.

Nach etabliertem Verfahren wurde ein hierarchisches System von Abhängigkeiten geschaffen, das ein gemeinsames Vorgehen und die Solidarisierung gegen Rom erschweren sollte. Wie in Gallien unter Caesar die Haeduer oder später in der Belgica die Remer, so sollten im westelbischen Gebiet die Cherusker einen privilegierten Status erhalten. Ein Sohn des bekannten, prorömisch gesinnten Segestes, Segimundus, erhielt die Erzpriesterwürde am Altar (*ara*) des Loyalitätskults für den neuen Herrn Augustus beim *oppidum Ubiorum* (H. H. Steenken 2005). Tacitus spricht von einer Wahl (Tac. Ann. 1,57), macht aber an anderer Stelle deutlich, dass der exklusive Kontakt des Vaters für die Auswahl des Sohnes verantwortlich war (Tac. Ann. 1,59). Die Lage des Altars im *oppidum* ist umstritten, archäologische Befunde scheinen für den Bereich Alt St. Alban und Gürzenich zu sprechen (W. Eck 2004).

Offen setzten die Römer aber auch darauf, die Germanen dazu zu bewegen, in Städten zu wohnen und von ihrem nomadischen Leben Abstand zu nehmen. Dann hätte wie in Gallien, wo es die *oppida* als charakteristische Siedlungsweise der Kelten noch gegeben hat, die römische Herrschaft dauerhaft greifen können – ganz wie die Römer es in allen anderen Teilen ihres Reiches gewohnt waren. Im Süden und Südwesten Deutschlands hatte es ebenfalls noch bis ins erste Jh. keltisch geprägte *oppida* gegeben, wie in Manching. Mit dem schon bei Caesar beschriebenen Rückzug der Kelten vor dem Druck germanischer (suebischer) Stämme beginnt der Niedergang dieser Oppida-Kultur. Manchings Abstieg setzte bereits weit vor den Römern in der ersten Hälfte des 1. Jhs. v. Chr. ein. Man musste also nach der Unterwerfung der Germanen im Jahre 8 v. Chr. ganz neu ansetzen, wollte man die Germanen an die städtische Lebensweise gewöhnen.

Im Jahre 1993 wurden an der Lahn in Waldgirmes lagerähnliche Strukturen mit einer Holz-Erde-Mauer im Ausmaß von 7,7 ha ausgemacht, die zunächst als ein weiteres römisches Lager interpretiert wurden (A. Becker/G. Rasbach 2007, S. 103). Dafür sprachen Baustrukturen, die auf Lagerbaracken (aus der Anfangszeit der Belegung) hinzuweisen scheinen, sowie natürlich die Befestigung. Weniger qualifizierend sind die entdeckten Wirtschaftsgebäude. Weiter gab es ein steinfundamentiertes Gebäude in der Mitte des Lagers mit zwei Apsiden, dort, wo man mit dem Fahnenheiligtum in einem Lager rechnen würde (s. Abb. 10). Hier jedoch kam der erste Verdacht auf, da der repräsentative Bau in der Mitte des umwehrten Areals einen zivilen Charakter hatte. Es befand sich dort ein Forum mit einer Reiterstatue, die den Kaiser darstellte und von der inzwischen 17 Fragmente gefunden worden sind – im Übrigen auch in einem benachbarten germanischen Dorf.

Ein ziviler, steinfundamentierter Bau – das galt bis dahin rechts des Rheins als unmöglich. Die Folgerung war, dass hier wohlmöglich mit römischer Hilfe einheimische Bevölkerungsgruppen eine Wohnstätte erhielten. Nach den Funden ist mit einem Beginn des Baus spätestens ab 4 v. Chr. zu rechnen, unter der Statthalterschaft des Ahenobarbus. Eine Erwägung war, dass die hier siedelnden Chatten einen neuen Hauptort erhalten sollten. Die hohe Zahl an einheimischer Keramik und einheimischen Fibeln schienen dies zu bestätigen, da man Römern die Nutzung einheimischer Waren nicht zutraute.

Zumindest aber die einheimische Keramik – besonders soweit es sich um Gefäße handelt – ist in dieser Hinsicht nicht stichhaltig, da sie als Transportmittel für Waren höchstens auf die Handelskontakte hinweisen kann. Die einheimischen Fibeln sind, weil am Körper getragen, dagegen schon eher ein Hinweis auf die Herkunft des Trägers. Folglich erwog man, ob nicht wenigstens zeitweilig mit einem Zusammenleben von Römern und Germanen zu rechnen ist. Vielleicht sind damit die (drei) unterschiedlichen Ausbauphasen in Waldgirmes bis 9 n. Chr. in Zusammenhang zu bringen. Wahrscheinlich haben wir hier den archäologischen Niederschlag für das, was in den literarischen Quellen mit der Gründung von Städten (*Poleis*, Cass. Dio 56,18) und Kolonien (Tac. Ann. 1,59) angesprochen ist. Dann haben wir in der Tat mit einer gezielten Politik der Römer in der Germania Magna zu rechnen und dürfen in Zukunft noch auf den Fund weiterer „Städte“ in Gründung wie Waldgirmes hoffen.

Die abschließende Publikation steht kurz bevor (G. Rasbach) und so wird man mit Spannung erwarten dürfen, wie gerade die interessanten Indizien für eine Nutzung des Lagerareals nach der Katastrophe von 9 n. Chr. zu interpretieren sind. Auf eine Plünderung im Kontext des Jahres 9 n. Chr. lassen die Hinweise auf die mutwillige Zerstörung der Reiterstatue schließen. Weiter sind Brandspuren ausgemacht worden (A. Becker, in: K. Ruffing/A. Becker/G. Rasbach 2010, S. 5–20). Darüber hinaus gibt es eine durch Dendrochronologie gesicherte Nutzung des Areals nach 9 n. Chr. (Fälldatum 9/10 n. Chr.). Waren hier also nach 9 n. Chr. Soldaten der Germanicusarmee stationiert, die dann bis 16 n. Chr. die Anlage nach Plan aufgelassen haben? Dann wären das die ersten sicheren archäologischen Indizien für die Germanicusphase nach der Varuskatastrophe, die bislang nur – wenn auch relativ ausführlich – durch die Schilderung des Tacitus in den Annalen überliefert ist.

An der mutwilligen Zerstörung und teilweisen Verbringung der Reiterstatue erkennen wir die Wut der plündernden Germanen, die nach dem Abzug der Römer (s. o. die Berichte über die Belagerung von „Festungen" durch die Germanen) alles kurz und klein schlugen. So hoffnungsfroh die ersten zaghaften und behutsamen Schritte zu eher gezielten Provinzialisierung begonnen hatten, der verschärfte Kurs des Varus, durch die finanziellen Engpässe veranlasst und durch Augustus aufgrund der Fehleinschätzung der Lage in Germanien befohlen, schreckte die Germanen ab. Arminius, der Berater des Varus, konnte allerdings leicht den Oberbefehlshaber von der Akzeptanz der verschärften Provinzialisierung durch die Germanen überzeugen, weil Varus gerne hörte, was er ohnehin glauben wollte – trotz der warnenden Worte des Segestes. So nahm das Verhängnis seinen Lauf.

4. Stätten der Germanicusfeldzüge

Wenn wir von dem doch relativ eindeutigen Beleg für eine Nutzung des Areals nach 9 n. Chr. in Waldgirmes absehen, sind die archäologisch-materiellen Zeugnisse, die sich sicher der Phase 9–16 n. Chr. zuordnen lassen, rar. Das ist erstaunlich, da nie mehr römische Legionen im Raum zwischen Rhein und Weser unterwegs waren als zu dieser Zeit. Vielleicht sind einige Marschlager, die wir aufgrund der kurzen Belegdauer nur allgemein der augusteischen Zeit zuordnen können, Relikte der Aktivitäten des Germanicus. Für die Zeit zwischen Herbst 9 und Sommer 14 n. Chr. gilt derselbe Befund wie für die materielle Hinterlassenschaft nach 9 n. Chr. auch für die literarischen Quellen, die zunächst einmal mit der Varuskatastrophe enden. Über die ersten Sicherungsmaßnahmen am Rhein durch Asprenas und Tiberius wird wenig berichtet, ebenso wie über den Beginn des Oberkommandos des Germanicus, der bis 12 n. Chr. noch unter dem Oberbefehl des Tiberius am Rhein diente.

Der detaillierte Bericht des Tacitus setzt erst mit dem Tode des Augustus 14 n. Chr. ein. Dann stehen die Germanienauseinandersetzungen im Zentrum, allerdings nach dem Interesse des Autors besonders unter dem Blickwinkel des alles bestimmenden Antagonismus zwischen dem neuen „dunklen“ Princeps Tiberius, der negativ bewertet wird, und dem strahlenden jungen „Helden“ Germanicus. Eine Zäsur bildet hier der Tod des Germanicus, der allerdings noch ein gerichtliches Nachspiel im dritten Buch der taciteischen Annalen hat. Zwei Gründe lassen sich anführen, warum das Bild des Tiberius bei Tacitus äußerst negativ erscheint. Die Quelle der Informationen des Tacitus ist neben Dokumenten und anderen historiographischen Kollegen, insbesondere der Schriftsteller claudischer Zeit, Plinius d. Ä., der viele Sympathien für Germanicus, den Bruder des Kaisers Claudius, aufbrachte. Aber auch Tacitus tat sein Übriges, denn Germanicus hatte beim Historiker Kredit, weil er nach Meinung des Tacitus unter ähnlichen Nachstellungen zu leiden hatte wie der Schwiegervater des Historikers, Agricola, den Kaiser Domitian, der als entartet galt und nach seinem Tod der *damnatio memoriae* verfiel, in den Tod getrieben hatte. Auf der anderen Seite ist Tacitus gut informiert, hat wohl eine Zeitlang ortsnahe in Köln gelebt und arbeitete in seine Darstellung Zeitdokumente ein. Seine Darstellung über die Germanienkriege bietet daher viel. Diese Feststellung wird auch nicht durch unser Wissen um die Sprunghaftigkeit seiner Darstellung an einigen Stellen geschmälert. Sein Leserpublikum wusste über die Germanienkriege gut Bescheid. Tacitus hatte also lediglich seine spezifische Perspektive im Bericht zu akzentuieren. Velleius Paterculus dagegen, der als Zeitgenosse unter dem Oberbefehl des Tiberius in Germanien diente, gibt ein protiberianisches, wenn auch nur sehr knapp gehaltenes Bild über diese Phase. Für diese wie für alle weiteren Quellen, Strabon, Sueton und Cassius Dio, galt, dass mit der Abberufung und dem Triumph des Germanicus im Jahre 17 die Germanienkriege zumindest vorläufig abgeschlossen waren (s. Abb. 14).

So ist auch die Forschungsdiskussion dieser Phase stark von dem Ringen um die korrekte Interpretation der literarischen Quellen über diese Phase geprägt. Vor der Publikation der *Tabula Siarensis* in den 1980er Jahren galt in der Forschung als *communis opinio*, dass die Abberufung des Germanicus und der damit demonstrierte Verzicht auf die Okkupation Germaniens im Jahre 16 n. Chr. insgeheim vollzogen worden sei. Seither habe ein Gegensatz zwischen dem tatsächlichen Rückzug auf die Rheingrenze und der demgegenüber offiziell verkündeten Einverleibung der Germania Magna bestanden. Diese „Hypothek des Augustus" habe das gesamte 1. Jh. geprägt (D. Kienast 2009, C.M. Wells 1972, K. Christ 1982, K.–W. Welwei 1986). Seit der Entdeckung des Dokuments aus der spanischen Kolonie Siarum, die wir später besprechen, wird vor allem diskutiert, ob der unbestreitbar offen dokumentierte Verzicht unter Tiberius nur zu einer Neujustierung der Mittel (D. Timpe 1968) oder auch der Ziele (G. A. Lehmann 1991) geführt hat.

Die Niederlage des Varus hatte vermutlich zunächst die Aufgabe aller Lager rechts des Rheins zur Folge. Asprenas konnte mit seinen vermutlich zwei Legionen den Niederrhein sichern. Im nächsten Jahr konnte Tiberius die Verhältnisse stabilisieren. Er kam mit sechs neu ausgehobenen Legionen, um den Verlust der drei Legionen des Varus auszugleichen. Ihr Kampfwert war jedoch sehr zweifelhaft, wie sich noch herausstellen sollte.

Tiberius hatte sich vor 10 n. Chr. bereits zweimal als Oberbefehlshaber in Germanien bewährt. Sein Aufgabenfeld war dabei fest umrissen: die Eroberung und Befriedung des rechtsrheinischen Germaniens. Nach der Varuskatastrophe im Jahre 9 n. Chr. galt es zunächst, die Rheingrenze zu sichern. Es ist bezeichnend, wie Tiberius diesen Auftrag nach den wenigen Quellen, die uns informieren, ausführte: mit einer vorsichtigen, auf Sicherung und Maßhaltung bedachten, Schritt für Schritt vorgehenden Kriegsführung. Tiberius verringerte den Tross, vermied Einzelkämpfe, blieb auf den ausgebauten Verkehrswegen und schränkte die Phasen, in denen römische Armeen im rechtsrheinischen Gebiet auf dem Rückzug feindlichen Angriffen besonders schutzlos ausgeliefert waren, zeitlich ein. Auch stellte er neue Regeln auf, damit die Kommunikationswege auch in Extremsituationen bestehen blieben (Suet., Tiberius cap. 18):

„Wenn er die Absicht hatte, den Rhein zu überqueren, so überschritt er diesen mit einem Tross, den er insgesamt bis zu einer vorgeschriebenen Menge beschränkte, nicht vorher, bevor er nicht am Ufer stehend die Beladung der Wagen überprüft hatte, damit nicht irgendetwas hinübertransportiert würde, was entweder zugestanden oder nötig war. Auf der anderen Seite des Flusses hielt er sich an folgende Lebensregel: Er aß, indem er unter freiem Himmel saß. Er übernachtete oft ohne Zelt. Er gab alle Anordnungen des folgenden Tages schriftlich aus, auch wenn eine plötzliche Aufgabe sich stellte. Er fügte die Weisung hinzu, dass, wenn einer über eine Aufgabe unsicher sei, er ihn selbst und nicht einen anderen auch mitten in der Nacht um Rat fragen solle."

Mit den Vorstößen über den Rhein sollte auch ein Vorfeld im rechtsrheinischen Gebiet abgesichert werden. Damit verfolgte der Germanienkenner Tiberius schon als Feldherr das Prinzip, dem er auch als Herrscher treu bleiben sollte und mit dem er zu den Grundsätzen Caesars zurückkehrte. Er wollte sich also mehr auf die Diplomatie, mehr auf Geduld und Augenmaß verlassen als auf brutale Gewalt, wenn es um den rechtsrheinischen Raum ging. Die damit verbundene Maßhaltung führte dann auch zu der in den Jahren zwischen 17 und 20 n. Chr. durchgesetzten Einsicht, auf die direkte Okkupation Germaniens zu verzichten.

Grundlage für die Neufestsetzung der Ziele gegenüber Germanien war aber eine angemessene Bewertung der Chancen dauerhafter Präsenz Roms im rechtsrheinischen Raum. Die Untersuchung der genauen Umstände der Varuskatastrophe spielte dabei eine zentrale Rolle. Die Stätten dieser Katastrophe lagen allerdings weit weg von den herkömmlichen „Trassen" tief im rechtsrheinischen Raum. Er selbst kam nicht mehr dazu, dies selbst vorzunehmen. In den Jahren seines Oberbefehls (10–12 n. Chr.) drang er nicht so weit östlich des Rheins vor, dass er die Kampfstätten erreichte. Diese Aufgabe sollte sein Nachfolger am Rhein übernehmen, aber nicht nur diese.

Augustus hielt auch nach der Varuskatastrophe bis zu seinem Tod am Ziel der Okkupation Germaniens fest. Es gibt Belege aus der Dichtung, dass die Bevölkerung Roms Rache forderte (Ovid, Tristien IV 2, 1–2; 19–22; 39–37; zw. 9–12 n. Chr.). Doch ging es ihm nicht nur um Rache. Er verfolgte die Eroberung weiter wie seit 16 v. Chr. So blieb die administrative Organisation am Rhein bis zur Abberufung des Germanicus dieselbe, mit einem übergeordneten Kommando über acht Legionen im gallisch-germanischen Raum. Germanicus, der Sohn des Germanienerobe-rers Drusus und Neffe des Tiberius, erhielt Ende 12 n. Chr. den Oberbefehl am Rhein, nachdem er unter Tiberius bereits am Rhein tätig gewesen war. Der junge Feldherr verfolgte die Eroberung des westelbischen Raumes gleich von Anfang an unerbittlich und konnte sich auf die Vorgaben des Augustus berufen, der ihn noch eingesetzt hatte. Jeder, der hier eine Korrektur vornehmen wollte, hatte keine leichte Aufgabe vor sich, selbst nach dem Tod des vergöttlichten Augustus 14 n. Chr.

Die Erfüllung der von Augustus gestellten Aufgabe ging Tiberius' Nachfolger im rheinischen Oberkommando zielstrebig an. Nach der Übernahme des Oberbefehls Ende 12 n. Chr. leitete Germanicus einen Rückeroberungsfeldzug großen Stils ein. Ein derartiges Vorhaben kam ihm sehr entgegen, da er sich wie sein leiblicher Vater Drusus, unter dem zwischen 12 und 9 v. Chr. Germanien bis zur Elbe weitgehend erobert wurde, in der Tradition des Welteroberers Alexander des Großen sah. Für seine militärischen Erfolge unter eigener Regie im Jahre 13 n. Chr. erhielt er deshalb gleich am Anfang des Jahres 15 n. Chr. einen Triumph zugesprochen (B. Dreyer 2009, S. 163). Seine ehrgeizigen Pläne wurden lediglich durch den Regierungswechsel und die Meuterei der Rheinlegionen im Jahr 14 n. Chr. aufgehalten. Die Eroberungsfeldzüge der Jahre 15 und 16 n. Chr. knüpften schließlich an seine unerbittliche Vernichtungsstrategie des ersten Jahres an.

Ganze Stammesgruppen wurden ausgerottet oder deportiert. Hier ging es demnach nicht in erster Linie um die Absicherung gegen germanische Offensiven, die Rache für die Varusniederlage oder auch die Untersuchung der Katastrophe des Jahres 9 n. Chr., sondern um Unterwerfung oder Vernichtung. Germanicus wollte der Eroberer Germaniens sein, um jeden Preis.

So überschritt er noch im Herbst des Jahres 14 n. Chr. den Rhein, um Zeit gutzumachen, die aufgrund der Ereignisse um den Tod des Augustus verloren gegangen war. Die Legionen insbesondere am Rhein hatten gemeutert. Es handelte sich vor allem um die Legionen, die nach dem Untergang der Varusarmee neu ausgehoben worden waren und nun neue Bedingungen des Kriegsdienstes aushandeln wollten. Ihre Erhebung wurde von Germanicus niedergerungen, der zeitweilig dort im Gespräch war, an Stelle des Tiberius die Herrschaft zu übernehmen. Die Loyalität des Germanicus zum neuen Princeps Tiberius war jedoch ohne Alternative. Schon lange vorher hatte Augustus durch die Vorabvergabe von Kompe-

Karte 14 Feldzüge des Germanicus.

tenzen seinen Stiefsohn Tiberius als Nachfolger aufgebaut. Aber auch Germanicus konnte mit der Durchsetzung des Willens des jetzt vergöttlichten Augustus auf Vorteile hoffen: Eben die Regelungen, welche die Nachfolge des Tiberius sicherten, waren begleitet durch Aufträge und Ratschläge, die Augustus auch in anderer Hinsicht ausgegeben hatte. Diese betrafen auch Germanien, dessen Rückeroberung Augustus Germanicus als Oberbefehlshaber befohlen hatte.

Der Feind rechts des Rheins hatte natürlich von den Unruhen bei den Legionen am Rhein erfahren und glaubte sich sicher. Die Marser, die zu den Stämmen der Arminiuskoalition gehörten und die Varusarmee vernichtet hatten, feierten, ohne die geringste Vorahnung dessen, was nun über sie hereinbrach: Sie waren am Ende der Feldzugsaison mit ihren

Siedlungsgebieten gleich rechts des Rheins noch in der Reichweite der römischen Legionen.

Ein Hauptzweck dieses römischen Feldzugs lag in der Disziplinierung der Truppen. Die Soldaten sollten die Schande der Meuterei durch entschlossenen Kampf gegen den Feind sühnen. Auf diese Weise bekräftigte der römische Oberbefehlshaber darüber hinaus seine Absichten, an denen er bereits im ersten Jahr seines Oberbefehls keinen Zweifel gelassen hatte und wofür ihm auch am Anfang des Jahres 15 n. Chr. ein Triumphzug zugesprochen wurde, den er allerdings erst im Jahre 17 n. Chr. feierte. Die Marser, die südlich der Lippe siedelten, wurden niedergemacht. Ihr Heiligtum ging in Flammen auf. Spätestens jetzt konnte jeder wissen: Wer sich nicht unterwarf, sollte dasselbe Schicksal erleiden.

Mit dieser Strategie wollte Germanicus den Widerstand der Germanen brechen. Doch das Gegenteil wurde erreicht: Je unerbittlicher die Römer vorgingen, desto einhelliger standen die ansonsten notorisch zerstrittenen germanischen Stämme hinter Arminius.

Im Frühjahr 15 n. Chr. stießen die Römer unter der Führung des Germanicus in den Raum des heutigen Hessen ins Siedlungsgebiet der Chatten vor, die zu den Hauptakteuren im Aufstand gegen die Römer gezählt hatten. In dieser Zeit lief der cheruskische Fürst Segestes über. Er war der Führer einer prorömisch gesinnten Gruppierung seines Stammes. Er hatte bereits Varus vor dem Komplott des Arminius gewarnt, während der Sohn des Segestes, Segimundus, im Jahre 9 n. Chr. zu den Aufständischen übergelaufen war, obwohl er Erzpriester des Loyalitätskultes für Augustus an der *ara Ubiorum* gewesen war.

Zudem brachte Segestes auch seine schwangere Tochter Thusnelda gegen ihren Willen mit, welche die Frau des Arminius war. Diese Aktion schürte den Hass. Die römisch-germanischen Auseinandersetzungen seit 9 n. Chr. und besonders mit Wiederaufnahme der Eroberungsfeldzüge durch Germanicus spalteten Familien, machte auch Brüder, wie Arminius und Flavus, der weiter auf römischer Seite kämpfte, zu Todfeinden.

Tacitus schildert ihr Treffen an der Weser im Jahre 16 n. Chr., um an ihrem Beispiel zu demonstrieren, wie unversöhnlich die Haltung der Brüder und generell zwischen den Parteien in Germanien geworden waren:

„Er [Arminius] fragte seinen Bruder, wovon sein entstelltes Gesicht herrühre. Als ihm dieser den Ort und die Schlacht angab, fragte er weiter, was er denn für eine Belohnung erhalten habe. Flavus wies auf eine Erhöhung des Soldes, auf eine Halskette, auf einen Ehrenkranz sowie auf andere militärische Geschenke hin, die Arminius als armseligen Sklavenlohn verspottete. Dann entspann sich ein Wortwechsel: Der eine sprach von der Größe Roms, von der Macht des Caesars und der schweren Bestrafung, welche die Besiegten zu erwarten hätten, während dem, der sich unterwerfe, Milde zuteil werde. Weder seine Gattin noch sein Sohn werde als Feind behandelt. Der andere sprach von der heiligen Pflicht gegenüber dem Vaterland, von der von den Vätern ererbten Freiheit, von den heimischen Göttern Germaniens, von der Mutter, die sich seinen Bitten anschließe. Er solle nicht zum abtrünnigen Verräter an seinen ferneren und näheren Verwandten, ja an seinem eigenen Volke, vielmehr dessen Heerführer werden. Dann kam es allmählich zu einer richtigen Zänkerei, und nicht einmal der Fluss, der sie trennte, hätte sie daran gehindert, miteinander handgemein zu werden, wenn nicht Stertinius herbeigeeilt wäre und Flavus, der wutentbrannt Waffen und ein Pferd forderte, festgehalten hätte. Auf der Gegenseite sah man Arminius, der unter Drohungen eine Schlacht ankündigte. Dabei gebrauchte er sehr viele lateinische Ausdrücke. Er hatte ja im römischen Feldlager als Führer seiner Landsleute gedient.“ (Ann. 2,9–10)

Schon vorher waren die adligen Familien bei den Germanen und ihre Stämme zerstritten gewesen. Seit der römischen Eroberung brachen sich die Kontroversen in ihrer Haltung zu Rom. Die einen begrüßten die Segnungen der römischen Kultur und die persönlichen Vorteile, die anderen erinnerten sich an die alte adlige Freiheit, die jetzt zunehmend durch die römische Rechtsprechung und Tribute eingeschränkt war.

So war der Angriffsplan des Arminius von dem verfeindeten Segestes aus dem Cheruskerstamm verraten worden – wenn auch ohne Folgen für den Plan und für Arminius (Tac. Ann. 1,55; Dio 56,18). Segestes hatte sich sodann Arminius zu fügen, da sein Kontrahent die germanischen Volks- bzw. Stammesversammlungen, welche die Erhebung gegen den Statthalter Varus trugen, beherrschte – so Tacitus:

„Segestes wurde zwar durch die einmütige Erhebung des Volkes in den Krieg hineingezogen, aber er stand ihr innerlich ablehnend gegenüber.“ Segestes’ Hass wuchs noch weiter, „weil Arminius seine Tochter, die mit einem anderen verlobt war, entführt hatte“ (Tac. Ann. 1,55). So schwelte die Zwietracht, und wenn auch die prorömische „Partei“ in den aufständischen Stämmen dem Arminius aufgrund seiner Wortgewandtheit und seines militärischen Erfolges unterlegen war, sie existierte weiter und wartete auf eine günstige Gelegenheit.

Durch die unerbittliche Kriegsstrategie spielte Germanicus jetzt jedoch Arminius ungewollt in die Hände, denn die Brutalität und die Bedrohung durch die Römer schweißte die Germanenstämme in der Koalition des

Jahres 9 n. Chr., da sie ohnehin nichts Gutes von den Römern zu erwarten hatten, hinter Arminius zusammen. Der Boden wurde für Segestes bei seinen Stammesgenossen zwei Jahre nach Übernahme des Oberbefehls durch Germanicus zu heiß: Er lief im Frühjahr des Jahres 15 n. Chr. mit Anhang zu den Römern über, nachdem er von Germanicus entsetzt worden war. Wortgewandt eilte Segestes, sich zu rechtfertigen:

„Seit ich vom vergöttlichten Augustus mit dem Bürgerrecht beschenkt worden bin, bestimmte euer Nutzen, wen ich als Freund und wen ich als Feind ansah, und zwar nicht aus Hass gegen mein Vaterland ..., sondern weil ich der Überzeugung war, dass der Vorteil der Römer auch der der Germanen ist, und weil ich den Frieden für besser als den Krieg hielt ... Doch bei der ersten Gelegenheit, mit Dir [Germanicus] in Verbindung zu treten, gebe ich das Neue gegen das Alte hin, den Geist des Aufruhrs gegen den des Friedens, aber nicht in Erwartung einer Belohnung, sondern um mich der Rolle des Treulosen zu entledigen und dafür die des geeigneten Vermittlers für das germanische Volk zu übernehmen ..." (Tac. Ann. 1,58)

Wie Segestes erging es vielen Germanen, die sich für die römische Sache unter den Germanen eingesetzt hatten: Auch sie wechselten bis Ende 16 n. Chr. mehrheitlich zu den Römern und siedelten mit Anhang auf römischem Gebiet.

Im Sommer 15 n. Chr. holte Germanicus zum großen Schlag gegen die anderen Koalitionäre aus, nachdem bereits die Marser und die Chatten hatten Federn lassen müssen. Er selbst fuhr über das Ijsselmeer in die Nordsee und von dort aus in die Ems ein. Die zweite Heeresabteilung unter Caecina zog über die *pontes longi*, einen befestigten Weg, von Xanten zur Ems. Diese beiden Heeresabteilungen trafen sich dort, wo die Ems noch schiffbar und eine Querung des Flusses möglich war, mit der Reiterei, die als dritte Gruppe getrennt aufbrach und das Gebiet der Friesen durchzog. Es handelte sich um einen etablierten Treffpunkt, da schon Ahenobarbus um die Zeitenwende die *pontes longi*, die auch Caecina mit der Unterabteilung des Heeres zum Treffpunkt nahm, mit dem Zielpunkt dort an der mittleren Ems vermutlich bei Rheine verlegt hatte (W. Schetter/R. von Uslar 1971), eine Angabe, die als approximative geographische Orientierung gelten darf, die schon vor dem Einsatz der Grabungen bei Kalkriese als die beliebteste galt und seither an Wahrscheinlichkeit nicht abgenommen haben dürfte.

Von dort aus zog das nun vereinte Heer sengend und brennend durch das Gebiet der Bructerer am westlichen Ufer der Ems zunächst nach Süden, dann nach Südosten in das Quellgebiet von Ems und Lippe, ins äußerste

Gebiet der Bructerer. Von dort, etwa in der Gegend von Paderborn, ging man daran, die Stätten der Varusniederlage zu besuchen, die sich in der Nähe (*prope* laut Tacitus) jenseits des Eggekamms (also von 10 bis max. 30 km, s. Gruber 2008) in nordwestlicher Richtung erstreckten, um den Untergang des Varus gänzlich aufzuklären. Über den Eggekamm schlug Caecina Wegschneisen in das unwegsame Gelände.

Darauf hielt sich Germanicus länger am Ort der finalen Niederlage auf, um die Gründe der Niederlage zu untersuchen und den Toten die nötigen Ehren zu erweisen, wodurch er Zeit verlor und dafür von Tiberius kritisiert wurde.

Wegen seines verlängerten Aufenthalts geriet nämlich die gesamte militärische Aktion, die einem engen Zeitplan unterlag, in Gefahr. Arminius war als Anführer der Koalitionsarmee angerückt, machte Anstalten, seine bewährte Zermürbungstaktik anzuwenden, und verweigerte die offene Feldschlacht. Die Zeit war günstig, denn es näherte sich die Herbstsaison mit ihren saisonalen Stürmen und Regenfällen, die selbst die ausgebauten römischen Heerstraßen unterspülten und das römische Heer wieder an der Achillesferse, auf dem Rückzug, trafen. Doch Germanicus durchschaute die Strategie des Germanenfürsten. Vor der Feldzugssaison des Jahres 16 diagnostizierte er:

„Die Germanen werden in der offenen Feldschlacht und auf normalem Gelände besiegt, aber es kommen ihnen Wälder und Sümpfe zustatten, ein kurzer Sommer und ein frühzeitiger Winter. … Die lange Trosskolonne verlocke zu Überfällen und könne nur schwer verteidigt werden. Wenn er jedoch auf das Meer gehe, habe er auf diesem Gebiet freie Bahn. … Zugleich könne man den Krieg früher beginnen und die Legionen gleichzeitig mit dem Nachschub befördern. Ungeschwächt werde die Reiterei mit ihren Pferden nach dem Transport von den Flussmündungen aus auf dem Wasserweg mitten nach Germanien gelangen." (Tac. Ann. 2,5)

So blieb für dieses Jahr angesichts der fortgeschrittenen Jahreszeit nur eins – ein möglichst schneller Rückzug in die Winterquartiere. Inzwischen war das römische Heer zum Ausgangspunkt an der Ems zurückgekehrt, wo sich die Heeresteile zu Beginn des Sommers getroffen hatten.

Als Germanicus seine Truppen auf die Transportschiffe verladen hatte, befahl er Caecina, schnell mit seiner Heeresgruppe auf den bekannten *pontes longi* nach Xanten zu marschieren – in der Hoffnung, dass die Wege, die man auf dem Hinweg noch nutzen konnte, durch die Witterung noch nicht zerstört waren. Die Hoffnung trog jedoch. Caecina befolgte zwar die Anweisungen des Germanicus, bald aber geriet sein Marsch ins

Stocken, woran nicht primär das germanische Heer unter Arminius schuld war, das ihm dicht auf den Fersen folgte.

Der Heerbann des Caecina war vier Tage lang heftigen Angriffen der Germanen ausgesetzt (wie derjenige des Varus), auf schlechten Wegen und unter widrigen Wetterumständen. Als die Situation ausweglos zu sein schien und der Befehlshaber kaum die eigenen Truppen davon abhalten konnte, die stark beschädigten, wenn auch noch schützenden Wälle des Lagers zu verlassen und das Heil in der Flucht zu suchen, harrte Caecina gegen alle Widerstände in den eigenen Reihen aus und blieb im Lager. So waren es die belagernden Germanen, die die Geduld verloren. Arminius zog gegen den konkurrierenden Fürsten Inguiomerus den Kürzeren, der den Römern in einem letzten Ansturm auf ihr halbzerfallenes Lager den Gnadenstoß versetzen wollte. Als sich die Germanen beim Sturm auf das Lager an den Palisaden des Marschlagers verfangen hatten, konnte Caecina einen Ausfall wagen, bei dem es den Römern gelang, die Germanen zu schlagen und zu vertreiben. So entkamen die Römer mit knapper Not und wegen der Uneinigkeit der germanischen Führung dem Schicksal der Varusarmee.

Im Sommer des Jahres 16 n. Chr. suchte Germanicus, der mit der Flotte seinen Teil der Armee sicher in die Winterquartiere bringen konnte, gegen den Hauptgegner, die Cherusker, die Entscheidung. An der Weser, bei Idistaviso, kam es zur Schlacht (J. Norcus 1963, S. 97–99). Die Römer errangen einen glänzenden Sieg, aber entscheidend war die Niederlage der Germanen dennoch nicht. Zwar sollen die unterlegenen Cherusker erwogen haben, vor den römischen Angriffen über die Elbe zurückzuweichen. Doch das erniedrigende Verhalten der Römer nach dem Sieg weckte den Widerstandswillen der Unterlegenen erneut, so Tacitus:

„Groß war der Sieg und hatte uns kein Blut gekostet. Von der fünften Stunde des Tages bis zur Nacht dauerte das Morden, und auf einer Strecke von zehn Meilen war der Boden mit erschlagenen Feinden und Waffen bedeckt. … Die [römischen] Soldaten riefen Tiberius auf dem Schlachtfeld zum Imperator aus und errichteten einen Erdhügel, auf den sie nach Art von Siegesdenkmälern die erbeuteten Waffen legten und unten die Namen der besiegten Völkerschaften anbrachten. Nicht ihre Wunden, nicht ihre Trauer, nicht die Vernichtung ihrer Truppen schmerzte und erbitterte die Germanen so sehr wie dieser Anblick. Sie, die eben noch Anstalten trafen, ihre Wohnsitze zu verlegen und sich über die Elbe zurückzuziehen, wollten nun kämpfen, griffen eilends zu den Waffen." (Tac. Ann. 2,18–19)

Wie schon 9 n. Chr. formierte sich der Widerstand als Erhebung eines gesamten Stammes mit einer Kernmannschaft, die im römischen Heeresdienst hervorragend ausgebildet worden war. Es stand auf Messers Schneide, denn wären die Cherusker über die Elbe und damit in den Einflussbereich des Marbod gezogen, wäre der römische Oberbefehlshaber am Ziel gewesen, das schon sein Vater erreicht hatte, wenn auch Marbods Gewicht noch einmal zugenommen hätte.

Auch in einer zweiten Schlacht konnte Germanicus die Germanen, die sich auf dem Angrivarierwall verschanzten, zurücktreiben. Doch dazu kam es erst, als sich Germanicus im Kampfgetümmel – nach dem Vorbild seines Idols Alexander – den Helm vom Kopf riss, um besser erkannt zu werden und seine Soldaten anzufeuern. Das brachte die Wende und die Germanen wurden vom Wall vertrieben. Die Römer mussten jedoch am Ende den bereits eroberten Wall räumen. Bezwungen waren die Cherusker und anderen Stämme unter der Führung des Arminius damit immer noch nicht.

Darüber hinaus endete der Rückweg der Römer zu ihren Winterlagern abermals in einer Katastrophe: Im Herbst trennte sich der Heerzug erneut wahrscheinlich an der Ems. Während die Heeresabteilung, die über Land zog, diesmal ohne erkennbare Feindeinwirkung zu den Lagern am Rhein zurückkehren konnte, gerieten die Abteilungen, die auf Schiffen die Rückreise antraten, in Herbststürme, denen ein großer Teil der Flotte zum Opfer fiel. Germanicus ahnte die Kritik aus Rom voraus und bemühte sich, die Verluste aus privaten Mitteln zu begleichen. Gleichwohl war man im Stab des Germanicus zuversichtlich, dass die Eroberung noch im folgenden Jahr zu einem glücklichen Ende gebracht werden könnte, denn man hielt „es für unzweifelhaft, dass der Widerstand der Feinde ins Wanken komme und sie sich mit der Absicht tragen, um Frieden zu bitten. Der Krieg könne beendigt werden, wenn man noch den nächsten Sommer hinzunähme.“ (Tac. Ann. 2,26)

Das sah freilich sein Onkel und Adoptivvater, Kaiser Tiberius, ganz anders. Er wollte sich vielmehr mit einer vorsichtig taktierenden Politik den notorischen inneren Zwist (T. Mattern, in: K. Ruffing/A. Becker/G. Rasbach 2010, S. 67–75) zwischen den Stämmen und ihren Adeligen zunutze machen und weniger auf teure militärische Mittel setzen. Bereits nach dem Frühjahr 15 n. Chr. zeigte sich, dass alle militärischen Eroberungspläne nicht nur fehlgeschlagen waren, sondern sich die antirömische Koalition unter Arminius sogar gefestigt hatte. Missmut äußerte Tiberius daher schon früh.

Zunächst versuchte Tiberius, den Oberbefehlshaber am Rhein mit Argumenten zu überzeugen: „Tiberius mahnte Germanicus in mehreren

Schreiben, er solle zur Feier des bewilligten Triumphes zurückkehren. Germanicus könne auf erfolgreiche und große Kämpfe zurückblicken. Er möge auch an all die schweren Verluste denken, die Stürme und Fluten verursacht hätten, für die zwar den Führer keine Schuld treffe, die aber doch schwer und schrecklich seien ... Er [Tiberius] selbst ... habe in Germanien mehr durch kluges als durch gewaltsames Vorgehen [plura consilio quam vi] erreicht." (Tac. Ann. ebd.)

In den Jahren nach dem Todes des Augustus standen sich die Politik des Tiberius und des Germanicus immer unvereinbarer gegenüber. Der Darstellung des Tacitus kann entnommen werden, dass ein völlig gegensätzliches Selbstverständnis die Politik des Tiberius und des Germanicus speiste.

Schließlich „löste" Tiberius das Problem, indem er Germanicus den Konsulat, d.h. das oberste Amt im Staat, verlieh. Weiter sollte im Jahre 17 n. Chr. auch der im Jahre 15 n. Chr. zugestandene Triumph für die militärischen Erfolge im Jahre 13 n. Chr. durchgeführt werden. Zuletzt sandte er ihn auf eine Ostmission mit umfassender Befehlsgewalt, womit der Prinz von seinem Wirkungsfeld in Germanien entfernt worden war.

Der Versuch des Tiberius, Germanicus mit Ehren und einer neuen lukrativen Aufgabe zu ködern, misslang jedoch. Im Gegenteil, das Vorgehen des Princeps verschärfte den Konflikt in den Jahren 18 und 19 n. Chr. sogar noch. Denn aufgrund der Tätigkeit des Germanicus im Osten scharten sich ein großer Anhang und viele Sympathisanten um den jungen Prinzen, zumal sich seine populistische Politik oft gegen die römische Administration und damit indirekt gegen Tiberius selbst richtete (s. Abb. 14).

Die Dinge harrten noch einer Entscheidung, als sich Ende 19 n. Chr. mit dem mysteriösen Tod des Germanicus auf der Ostmission für Tiberius die Gelegenheit bot, in einer „offiziellen Verlautbarung" den Verzicht auf die Okkupation Germaniens seit 16/17 n. Chr. überall im Reich unmissverständlich zu signalisieren. Gleichzeitig sollten abweichende Vorstellungen in dieser und anderen Fragen endgültig auf seine Politik ausgerichtet werden. Deshalb veranlasste er, dass die Totenehren für Germanicus im Herbst des Jahres 19 n. Chr. auf folgende Weise begangen wurden:

„Ehrungen wurden erdacht und beschlossen, wie sie jedem die Liebe zu Germanicus oder sein Erfindungsvermögen eingab. Hinzu kamen noch Ehrenbögen in Rom, am Rheinufer und auf dem syrischen Berge Amanus mit einer Inschrift seiner Taten und dem Hinweis, dass er im Dienst des Gemeinwesens gestorben sei, ein Grabmal in Antiochia, der Stätte der Verbrennung, ein Tribunal in Epidaphne, wo er sein Leben beendigt hatte ... Diese Anordnungen haben sich größtenteils bis heute erhalten. Einige wurden sofort aufgehoben, andere wieder gerieten im Laufe der Zeit in Vergessenheit." (Tac. Ann. 2,83)

Glücklicherweise sind diese Ehren auch dokumentarisch auf einer Tabula aus der spanischen Kolonie Siarum erhalten geblieben (s. Abb. 13). Dort heißt es:

„Der Senat und das Volk von Rom widmen dieses Monument dem [ewigen] Gedenken des Germanicus Caesar, nachdem er die Germanen im Krieg besiegt, [sehr weit] von Gallien zurückgetrieben, die [verlorenen] Feldzeichen zurückerhalten, die verräterische [Niederlage] des Heeres des römischen Volkes gerächt, den Zustand der gallischen Provinzen geordnet hatte und darauf – als Proconsul in die überseeischen Provinzen [im Osten] geschickt – bei der Absicherung der Königreiche ebendieser Gegend dem Auftrag des Tiberius Caesar Augustus gemäß … für die *res publica* gestorben war. (Tab. Siar. Frg. I 12–21)

In der Kolonie Siarum und überall im römischen Reich wurde demnach verkündet, dass es die vordringlichste Aufgabe des Germanicus gewesen ist, die Germanen vom Rhein zu vertreiben, die Feldzeichen, die bei der Varusniederlage verloren wurden, zurück zu gewinnen, die Niederlage zu rächen und die gallischen Provinzen zu ordnen – nicht also, wie es das Anliegen der Germanicus im Auftrag des Augustus gewesen war, die verlorenen germanischen Besitzungen erneut zu erobern.

In diesem Sinne ließ Tiberius auch die Absichten des Augustus uminterpretieren, wie sie Tacitus am Anfang der Schilderung der Germanicusfeldzüge wiedergibt:

„Aber, wahrhaftig, Germanicus, den Sohn des Drusus, machte er [Augustus] zum Befehlshaber über die acht Legionen, die am Rhein standen, und befahl Tiberius, ihn zu adoptieren, obgleich in der Familie des Tiberius ein jugendlicher Sohn war. Doch Augustus wollte über eine vermehrte Zahl von Stützen verfügen. Der einzige Krieg, der in dieser Zeit noch andauerte, war der gegen die Germanen; er sollte mehr die Schande des unter Quintilius Varus verlorenen Heeres tilgen als dem Wunsch nach Ausdehnung des Reiches oder sonst einem den Einsatz lohnenden Preise dienen." (Tac. Ann. 1,3):

Auch auf Bögen sollte das neu interpretierte Wirken des Germanicus nach dessen Tod in der oben beschriebenen Weise gedacht werden, in Rom, in Syrien und vor allem in Germanien, genauer in Mainz beim Grabhügel für Drusus:

„Der dritte Bogen soll <auch am Flusslauf des Rheins nahe an dem Grabhügel entstehen>, den das ganze Heer für Drusus, den Bruder des

Tiberius, <zunächst aus eigenem Antrieb aufzurichten begonnen>, darauf mit der Erlaubnis des vergöttlichten Augustus vollendet hatte. … und es soll den Galliern und Germanen, die diesseits des Rheins <wohnen, deren Stämme schon von dem vergöttlichten> Augustus den Befehl erhalten hatten, am Grabhügel <des Drusus> zu opfern, <vorgeschrieben werden, dass sie an demselben Ort öffentlich ein zweites,> ähnliches Opfer darbringen, indem sie <jährlich an dem Tag> opfern, <an dem Germanicus gestorben ist.> Und wenn <ein Heer> in der Gegend, <wo sich dieses Grabmal befindet,> zur Zeit des Geburtstags des Germanicus Caesar im Winterlager <stationiert ist, soll die Mannschaft an diesem Tag im Parademarsch durch den Bogen hindurchmarschieren, der nach dem Senatsbeschluss errichtet worden ist.>“ (Tab. Siar I 26–34)

Damit auch die nicht lateinisch sprechende Bevölkerung nahe am Rhein die Uminterpretation des Wirkens von Germanicus verstand, wurde ein spezifisches Statuenprogramm in Mainz in Auftrag gegeben:

„<Und auf diesem Bogen soll eine Statue des Germanicus> Caesar aufgestellt werden, wie sie <die Feldzeichen von den Germanen> entgegennimmt.“ (Tab. Siar. I 28–29)

Tiberius ließ also den Senat bei der schriftlichen Fixierung dieser Ehren geschickt die Leistungen des Germanicus, der nur zwei der drei verlorenen Feldzeichen während seiner Eroberungs– und Vernichtungsfeldzüge zurückgewinnen konnte, öffentlich auf eine Weise umwerten, die nicht dem Selbstverständnis des soeben verstorbenen Heerführers entsprochen haben dürfte. Dieser wollte – wie sein Vater – alle Stämme zwischen Rhein und Elbe völlig unterwerfen (*devincere:* Tac. Ann. 2,22,1; vgl. Tac. Ann. 2,41,2–3; Strabo 7,1,4), also Germanien erobern, gewiss aber nicht die Rolle erfüllen, die der Senat auf Geheiß des Tiberius ihm nun nach dem Tode zuwies.

Für seine Entscheidung hatte Tiberius gute Argumente: Trotz des Einsatzes aller am Rhein verfügbaren Reichsheerteile, der Flotte, der Reiterei und des Landheeres, war es zwischen 13 und 16 n. Chr. in Germanien zu keiner Entscheidung gekommen. Im Gegenteil, die hohen Verluste und enormen Kosten, die durch die Rückschläge im Herbst beider Jahre auf dem Rückzug in die Winterlager verursacht wurden, lasteten schwer. Gallien war durch Tribute ausgeblutet. Dagegen ging die sich besonders durch ihren defensiven Charakter auszeichnende Arminiuskoalition aus den unerbittlichen Angriffen des Germanicus eher gestärkt hervor. Eine Zusammenarbeit zwischen Arminius und Marbod war unter dem römischen Druck gar zu befürchten. Nach dem Überlaufen der römerfreundlich gesinnten Adligen wie Segestes hatten die romfeindlichen Kräfte in der Koalition rechtsrheinischer Stämme, der Arminius vorstand, endgültig die Oberhand.

Die Feldzüge des Germanicus hatten für Tiberius erwiesen, dass die germanischen Stämme gegen ihren Willen nicht zu beherrschen waren. Die Infrastruktur machte unter diesen Bedingungen eine dauerhafte Beherrschung kaum möglich. Die Elbe eignete sich als Grenze keineswegs in dem Maße wie der Rhein, der sich zumindest im Nachhinein als Völkerscheide im Sinne Caesars wesentlich mehr empfahl als die Elbe.

Die im Jahre 9 n. Chr. erfolgreich erprobte und in den folgenden Jahren strikt befolgte Strategie des Arminius hatte sich unter den geographischen und klimatischen Bedingungen in Germanien als überlegen erwiesen. In der Selbstverpflichtung auf dieses notwendig defensive Vorgehen, das sich auch im Erfolgsfall realistisch auf das eigene Heimatgebiet beschränkte, liegt die eigentliche Weitsicht des Cheruskers als Führer einer Koalition nordwestgermanischer Stämme. Und so urteilt der Historiker Tacitus über die Bedeutung des Arminius am Ende der Germanienkriege und anlässlich seines gewaltsamen Todes völlig zu Recht:

„Unstreitig war er der Befreier Germaniens, der das römische Volk nicht am Anfang seiner Geschichte, wie andere Könige und Heerführer, sondern das in höchster Blüte stehende Reich herausgefordert hat, in den einzelnen Schlachten nicht immer erfolgreich, im Kriege unbesiegt." (Tac. Ann. 2,88,2).

5. Stätten der römischen Präsenz in Germanien seit Tiberius

Tiberius ließ keinen Zweifel an der neuen Politik und Zielsetzung gegenüber Germanien, auch über die öffentliche Umdeutung der Wirkung des Germanicus hinaus: Bei gleich bleibender Truppenstärke von acht Legionen am Rhein blieb die Position des Oberkommandierenden beider Heeresgruppen fortan vakant. Die vier ober– bzw. untergermanischen Legionen wurden jeweils einem Legaten im prätorischen Rang unterstellt. Die Leitung der Heereskommandos der beiden neuen Militärbezirke von Obergermanien und Untergermanien wurde von der administrativen Leitung der drei Provinzen Galliens erstmals definitiv abgetrennt. Den administrativen Umschichtungen entsprach auch eine (letztlich dauerhafte) lineare Stationierung der Truppen entlang des Rheins ab 17 n. Chr. Diese Lager entlang des Rheins wurden zunehmend (ab der Herrschaft des Kaisers Nero 54–68 n. Chr.) als dauerhafte Lager ausgebaut, indem Steinbauten die ursprünglichen Holzbauten ersetzten (M. Reddé u.a. 2006, S. 82).

Spätestens jetzt wurden die vorgeschobenen militärischen Positionen und Lager rechts des Rheins aus der Okkupationszeit aufgegeben, soweit dies nicht schon 9 n. Chr. geschehen war: Holsterhausen an der Lippe, Frankfurt-Höchst und auf dem Friedberg in der Wetterau. Dasselbe galt für Augsburg-Oberhausen am Lech, wofür vielleicht Windisch Vindonissa ausgebaut wurde. Nur wenige Brückenköpfe rechts des Rheins wurden gehalten, so bei den Friesen und bei Mainz (Mainz-Kästrich).

Nicht nur wurden bestehende Lager entlang des Rheins ausgebaut, es kamen auch neue hinzu: Noch während der Regierungszeit des Tiberius wurde eine Hafenanlage in Velsen, ein Lager in Altkalkar und das zweite Lager bei Moers-Asberg, dazu der Flottenstützpunkt bei Köln-Alteburg errichtet, sowie das Bonner Lager zu einem Legionslager umgestaltet. Direkt mit der Abberufung sind wohl am Mittelrhein die Lager bei Andernach, Urmitz und vielleicht auch Bingen zu verbinden. Am Oberrhein kamen vielleicht schon unter Tiberius die Befestigungen bei Sasbach, aber auch die Militärposten bei Augst und Zurzach sowie mehrere andere hinzu.

Die neue defensive Ausrichtung der Truppen am Rhein wird aber noch anders erkennbar: Die Lager der Auxilien wurden stärker von den Legi-

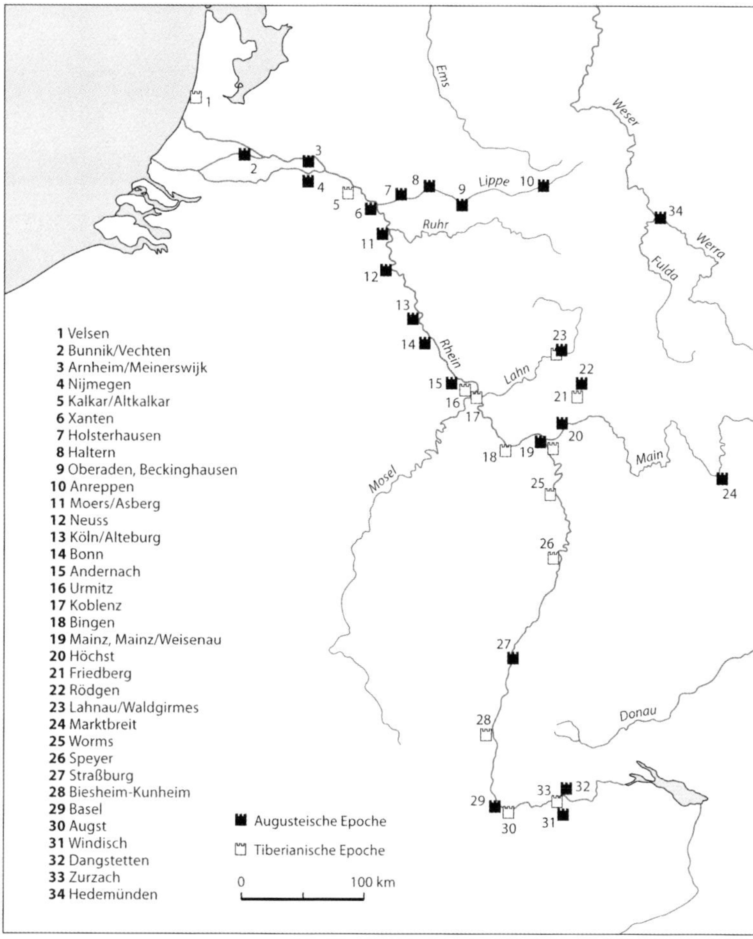

Karte 15 Überblick über die Lager der augusteischen und tiberianischen Zeit.

onslagern getrennt. Nach der Erfahrung von 9 n. Chr. war das Misstrauen gegenüber diesen Einheiten ohnehin groß. Homogene Stammeseinheiten wurden kaum noch in der Nähe des Herkunftslandes eingesetzt. Bei den Auxilien-Kontingenten, die nicht nur kurzfristig ausgehoben wurden, erledigte sich das Problem von selbst, weil diese Einheiten fortlaufend, auch aus fremden „Stämmen" und „Nationen", ergänzt wurden, sodass die Homogenität verloren ging.

Durch die massive Präsenz der Truppen am Rhein, die dem Schutz nach außen und der Aufrechterhaltung der Ordnung in den gallischen

Provinzen diente (Tac. Ann. 4,5,1), blieb jedoch jederzeit die Wiederaufnahme der Eroberungsfeldzüge prinzipiell möglich.

Wie neue Funde eines Schlachtfeldes am Harzhorn nördlich von Göttingen bei Northeim, die Ende 2008 einer staunenden Öffentlichkeit präsentiert wurden, zeigen, konnte bis ins 3. Jh. hinein die offensive augusteische Konzeption der Eroberung des rechtsrheinischen Gebietes bis zur Elbe wieder aufgegriffen werden. Noch kurz vor der Aufgabe der Rheingrenze unter dem Druck der Germanen im 3. Jh. (um 260 n. Chr.) hatte der römische Kaiser Maximinus (Thrax) im Jahre 235 n. Chr. eine auch literarisch gut belegte Offensive zur Eroberung des westelbischen Raumes gestartet.

Gleichwohl wurde immer angenommen, dass Rom zweihundert Jahre nach dem Rückzug des Tiberius zu keiner Offensive in der Lage war, die tief in Feindesland führte und das Ziel der Eroberung des germanischen Raums bis zur Elbe oder zur Ostsee verfolgte. Ab dem 2. Jh. n. Chr. hatte es Rom mit größeren Stammesverbänden als bisher zu tun. Der letzte Kaiser, der eine große Offensive gegen diese gefährlichen Stämme eingeleitet hatte, war Mark Aurel in der zweiten Hälfte des 2. Jhs. gewesen. Mit hohem Blutzoll hatte er gegen die Markomannen gekämpft und damit immerhin für eine Generation stabile Verhältnisse an der Donau geschaffen. Weitreichende Offensiven mit dem Ziel der Unterwerfung Germaniens schienen dagegen nicht mehr möglich.

Vor diesem Hintergrund hatte man entsprechende eindeutige Hinweise in der antiken Literatur (Herodian „Historia Augusta") über die fulminante Offensive des Kaisers Maximinus, der vom Senat später verächtlich als „Thraker" verunglimpft wurde, trotz gesicherter Überlieferung uminterpretiert. Danach wurde die Offensive, welche die aus verschiedenen Reichsteilen zusammengezogene Armee des Kaisers 300–400 römische Meilen (1 röm. Meile = ca. 1500 m) in germanisches Gebiet vortrug (SHA, vita Maximini cap. 12,1), durch moderne Interpretatoren zu einem Vorfeldgefecht im Mainzer Raum von 30–40 Meilen Reichweite umgedeutet.

Maximinus „Thrax" stammte aus dem Ritterstand und konnte noch nicht wissen, dass er zum ersten in einer langen Reihe kurzlebiger „Soldatenkaiser" werden sollte. Er hatte den letzten Kaiser der severischen Dynastie, Severus Alexander, ersetzt. Dieser wurde von den eigenen Soldaten in Mainz ermordet, weil er auf Verhandlungen mit den Germanen und nicht auf Krieg setzen wollte. Die Installierung des neuen Kaisers ging mithin mit der Verpflichtung gegenüber den Soldaten einher, die eingeforderte Offensive auch durchzuführen, um die sich die Soldaten durch Severus Alexander betrogen sahen. Den Berichten zufolge war diese erfolgreich, wenn auch konkrete Anhaltspunkte fehlen. Diese liefert nun der Schlachtort am Harzhorn. Heimatforscher hatten ihre Funde schließlich ausgeliefert, sodass eine systematische Suche möglich wurde. Es stachen sofort die Funde von Soldatennägeln, aber auch Katapultgeschosse hervor, die hangaufwärts auf Truppen abgeschossen worden waren, die einer von Norden nach Süden (entlang der heutigen A7) vorrückenden Armee den Weg versperren wollten.

Es wurde zunächst bezweifelt, ob die nach Süden vorrückende Armee eine römische war. Es handele sich vielmehr um Germanen, die ein römisches Depot mit Katapulten geplündert hätten. Es sei also eine innergermanische Auseinandersetzung am Harzhorn anzunehmen. Die Nutzung von Katapulten war in römischen Legionen durchaus Standard, für Germanen ist sie aber nicht belegt, da Fachverständnis sowohl beim Aufbau als auch bei der Nutzung vorauszusetzen ist. Nunmehr ist auch numismatisch bestätigt, dass am Harzhorn Germanen einer römischen Armee im Jahre 235 den Rückweg nach Süden verlegen wollten – allerdings vergeblich. Die Germanen wurden mit den Geschossen der römischen Artillerie eingedeckt und durch die Infanterie vertrieben. Die nachsetzenden römischen Einheiten hinterließen beim Sturm des Hügels Nägel ihrer Schuhe.

Zudem ist das Schlachtfeld auch methodisch von Interesse: Sowohl bei Kalkriese als auch am Harzhorn handelt es sich um Kampfplätze, die aber im Fundspektrum unterschiedlicher nicht sein könnten: Am Harzhorn, wo bereits mehr als 1500 Einzelfunde sichergestellt wurden, waren die Römer siegreich. Es dominieren daher die Funde von Offensivwaffen. Bei Kalkriese dagegen unterlagen die Römer, sodass hier auch Schutzwaffen, Barschaftsfunde, Knochen von Römern mit Verwundungsspuren und Spuren des Trosses zum Vorschein gekommen sind; es liegen weiter Zeichen der Plünderung vor. So gewinnen wir aus dem materiellen Befund auch wichtige Erkenntnisse für die Interpretation beider Schlachtfelder sowie der damit verbundenen Feldzüge des Jahres 9 n. Chr. und des Jahres 235 n. Chr. (s. „Roms vergessener Feldzug“, 2013).

Mit der Abberufung des Germanicus hatte jedoch zunächst und für lange Zeit die von Tiberius neu aufgegriffene Konzeption des Julius Caesar – mit dem Ziel der Sicherung der Rheingrenze – über die offensive Konzeption des Augustus den Sieg davon getragen.

Erkennbar war dies auch für die Germanen, die sich wieder ihrem alten Zwist hingaben und bereits im Jahre 17 n. Chr. übereinander herfielen. Dabei zog Marbod den Kürzeren und musste, vertrieben durch einen Usurpator, mit seinem Anhang um Aufnahme ins Reich bitten.

Arminius konnte sich zunächst als Sieger in dieser internen Auseinandersetzung fühlen, die mit dem Abzug der Römer ab dem 17 n. Chr. zwischen der Koaliton des Marbod und des Arminius ausbrach. Er hatte allerdings auch Gegner in seinem Lager gerade nach seinem Sieg über Marbod, zumal ihm Ambitionen nachgesagt wurden, die Königswürde zu ergreifen – ein Ansinnen, das zumindest in dieser Zeit unter den nordwestgermanischen Stämmen als verpönt galt. So erhielt Tiberius ein verlockendes Angebot, wie Tacitus bei seinen Recherchen entdeckte:

„Ich finde bei den Schriftstellern senatorischen Rangs jener Zeit, dass im Senat ein Brief des Chattenfürsten Adgandestrius verlesen wurde. Darin versprach er den Tod des Arminius, wenn ihm zur Durchführung des Mordes Gift geschickt werde. Doch sei ihm folgender Bescheid erteilt worden: Nicht hinterlistig und nicht heimlich, sondern offen und mit den Waffen in der Hand räche sich das römische Volk an seinen Feinden. Mit diesem rühmlichen Verhalten stellte sich Tiberius den Feldherren alter Zeiten zur Seite. Diese hatten die Verwendung von Gift gegen Pyrrhus abgelehnt und ihn von dem beabsichtigten Anschlag in Kenntnis gesetzt." (Tac. Ann. 2,88,1)

Gleichwohl fiel Arminius kurz danach (21 n. Chr.) einem Mordanschlag aus seiner engsten Umgebung zum Opfer. Tiberius konnte sich folglich in seiner Taktik bestätigt fühlen. Seine Glacispolitik, mit der ein Klientelgürtel im östlichen Vorfeld des Rheins und der nördlichen Donau geschaffen wurde, flankierte den Verzicht auf direkte, unmittelbare Kontrolle über den germanischen Raum und unterstützte den neuen defensiven Charakter der „Germanienpolitik".

Insbesondere zwei Herrscher nach Tiberius bestätigten durch ihre Politik den im Jahre 16 n. Chr. eingeschlagenen Weg. Claudius, der zwischen 41 und 54 n. Chr. herrschte, lenkte die Aufmerksamkeit der römischen Nordpolitik auf ein ganz anderes, lukrativeres Objekt: Britannien. Mit der Eroberung Britanniens beschritt Claudius, der Bruder des Germanicus, ab 43 n. Chr. im wahrsten Sinne des Wortes „Neuland". Denn nach antiker Vorstellung betrat man in Britannien eine „Neue Welt". Damit konnte man für die eigene Herrschaft erheblich mehr Renommee gewinnen, als mit unattraktiven und teuer erkauften „Gebiets-Arrondierungen" in der eigenen Welt. Im Zuge der Eroberung der britannischen Insel wurden aber auch am Rhein Truppen langfristig abgezogen, sodass diese Entscheidung die Offensivkräfte dort auf lange Sicht schwächte.

Bei Empörungen wie sie insbesondere der Bataveraufstand, der im Zuge der Nachfolgekämpfe, in denen sich Vespasian im Jahre 69 n. Chr. durchsetzen konnte, ausbrach, waren Stämme und Völkerschaften diesseits und jenseits des Rheins involviert. Sie einte in gefährlicher Art und Weise der Hass auf Rom, wie folgende Passage der Darstellung des Tacitus über den genannten Aufstand zeigt:

„Civilis aber rief die vornehmsten Stammesangehörigen [der Bataver] und die entschlossensten Männer aus dem einfachen Volk in einem heiligen Hain angeblich zu einem Festgelage zusammen. Wie er sah, dass ihnen bei der nächtlichen Fröhlichkeit warm ums Herz wurde, da begann er von dem Ruhme ihres Stammes zu reden, zählte hernach auch die Unbilden, Erpressungen und die sonstigen Leiden der Knechtschaft auf. Es bestehe ja nicht mehr wie vordem ein Bündnisverhältnis, nein, wie Sklaven würden sie behandelt. Wann erscheine einmal ein Statthalter, der, so lästig und hochmütig sein Gefolge auch sei, doch regelrechte Befehlsgewalt besitze? Bezirksvorstehern, Zenturionen seien sie ausgeliefert ... Augenblicklich drohe eine Aushebung, durch die man die Kinder von den Eltern, die Brüder von den Brüdern trenne, wohl auf Nimmerwiedersehen. Niemals sei der römische Staat ärger mitgenommen gewesen ... Man solle nur die Augen mutig erheben und die Angst ablegen vor diesen Legionen, die nur noch dem bloßen Namen nach bestünden. Sie selbst hingegen hätten in ihrem Fußvolk und ihrer Reiterei Kerntruppen, die Germanen seien ihre Blutsverwandten, die gallischen Provinzen von den gleichen Wünschen wie sie selber beseelt ... Sollte das Kriegsglück schwanken, so könne man die Sache Vespasian in die Schuhe schieben, für den Fall des Sieges aber sei man weiter keine Rechenschaft schuldig." (Tac. Historien 4,14)

Der Aufstand konnte mit dem Sieg des Vespasian im Bürgerkrieg 69 n. Chr. mehr schlecht als recht beigelegt werden. Sein jüngerer Sohn Domitian, der zwischen 81 und 96 n. Chr. herrschte, nährte gleichwohl wie viele seiner Vorgänger in der Heimat die Illusion, durch erfolgreiche Germanienfeldzüge das rechtsrheinische Gebiet gewonnen zu haben. Durch seine administrativen Neuordnungen erreichte er allerdings genau das Gegenteil von dem, was er den Zeitgenossen suggerieren wollte. Er erhob nämlich die linksrheinischen Militärdistrikte von Ober– und Untergermanien in den Status von Provinzen, die militärischen Befehlshaber in die Position von Statthaltern. Zudem baute er die militärischen Positionen am Rhein aus und setzte die Maßnahmen fort, mit welchen die Grenze zwischen Oberrhein und Donau verkürzt wurde. Daraus entstand später der bekannte, etwa 500 km lange Limes. Das fruchtbare (Decumaten–)

Land Germaniens, das man hierdurch in das Reich einschloss, hatte eine Bevölkerung, die man schon gar nicht mehr zu den Germanen zählen konnte:

„Obwohl sie sich jenseits von Rhein und Donau angesiedelt haben, möchte ich diejenigen nicht unter die Stämme Germaniens rechnen, die in den agri decumates die Äcker bestellen. Denn allerlei entwurzelte und durch Not unternehmungslustige Gallier haben diesen Boden, dessen Eigentumsrechte unklar waren, in Besitz genommen. Seit man dann den Limes anlegte und die Kastelle vorschob, gelten diese Gebiete als Ausbuchtung des Reiches und damit als Teil der Provinz." (Tac. Germania 29,4)

Diese Region der rechtsrheinischen Germania Magna verblieb allein dauerhaft im Römischen Reich.

6. Stätten der Erinnerung und Glorifizierung

Anlässlich des 2000. Jubiläums der Varuskatastrophe fiel Detmold die Rolle zu, sich dem Mythos, der aus dieser Katastrophe entsprang, zu widmen. Ein weiteres Jubiläum geriet darüber in den Hintergrund: dasjenige, das die Grundlage für die Glorifizierung des Sieges des Arminius bildete. Es handelt sich um die Wiederentdeckung der Schriften des Tacitus und ihre Veröffentlichung um 1500.

In den deutschsprachigen Besitzungen des weltumspannenden Habsburgerreiches, die dem Siedlungsgebiet der germanischen Stämme vor der Völkerwanderungszeit entsprachen, wurden die Ansätze zu einer übergreifenden, gemeindeutschen Identität gerade zu dieser Zeit immer stärker. Neben der gemeinsamen Sprache und den gemeinsamen Institutionen war es auch die Verteidigung der eigenen Freiheit gegenüber dem Kaiser, die zu Beginn der Neuzeit die Entstehung eines Zusammengehörigkeitsgefühls begünstigte. Endlich, um 1500, konnte man dieses Gefühl auf eine glorreiche Geschichte aus der Hand einer großen Autorität stützen. Diese Geschichte lieferte auch gleich einen Nationalhelden mit. Die Gleichsetzung von den Germanen der Zeit um die Zeitenwende und den „Deutschen" an der Schwelle zur Neuzeit wurde nicht problematisiert.

Um 1470 wurde die „Germania" des Tacitus zum ersten Mal ediert. Wie bei Caesar wurden die Sitten und die Geschichte der Stämme, die rechts des Rheins und nördlich der Donau siedelten, als ethnisch spezifisch dargestellt. Das Bild der Germanen, das Tacitus zeichnete, war zwar nicht einseitig positiv, alles in allem aber eines, mit dem man sich von der römisch-„welschen" Geschichte stolz absetzen konnte.

Im Jahr 1515 wurden auch die „Annalen" des Tacitus herausgegeben. Sie setzten in den ersten beiden Büchern mit dem erfolgreichen Abwehrkampf des Arminius gegen die Angriffskriege des Germanicus, wie geschildert, ein.

Auf einmal schien die Geschichte der Deutschen, die mit den Germanen gleichgesetzt wurden, gleichrangig mit derjenigen des ehrwürdigen alten Rom. Mit dem Sieg des Arminius über das Römische Reich in seiner Blütezeit konnte man sich sogar überlegen fühlen, wenn man nur einig war – so die Folgerung. Das lud zur Instrumentalisierung ein.

So störte bald schon der gar nicht germanisch klingende Name, den u. a. Martin Luther für eine römische Version eines klangähnlichen germanischen Namens hielt. Damit gehörte er zu den ersten, die aus Arminius den „eigentlichen Namen" Hermann herleiteten. Anlässlich der Diskussion des 82. Psalms annotierte Luther die Gleichsetzung, welche die folgenden Jahrhunderte nahezu kanonische Gültigkeit behalten sollte: „Herman, den die Latini ubel verkeren und Ariminium (!) nennen, heist aber ein Heer man, dux belli."

Seine Person wurde in den folgenden Jahrhunderten vielfältig instrumentalisiert (K. Kösters 2009): Vor dem 19. Jh. keineswegs nur in den deutschsprachigen Gebieten, und zwar meist als Banner gegen alle tatsächlichen oder vorgeblichen Versuche der „Vergewaltigung", im 15. Jh. besonders von Seiten der Deutschsprachigen gegen die Habsburger, von Seiten der Protestanten gegen den Papst, ab dem 17. und im 18. Jh. gegen den Partikularismus und am Anfang des 19. Jh. gegen Napoleon in den deutschsprachigen Gebieten des Heiligen Römischen Reiches Deutscher Nation.

Damals erhielt die Verehrung des Arminius eine definitiv „nationale Note" eines Freiheitshelden, indem man ihn zum Vorbild im Kampf gegen den Imperialismus Napoleons erklärte. Die bekannte „Hermannsschlacht" Heinrich von Kleists etwa atmet diesen Geist auf einem hohen künstlerischen Niveau (s. 2000 Jahre Varusschlacht 2009). Ein weiteres bekanntes Beispiel ist der kaum verhohlene Aufruf zur Überwindung der deutschen Kleinstaaterei in der „Hermannsschlacht" Christian Dietrich Grabbes von 1838. Einen Höhepunkt durchlief diese Art der Mystifizierung nach der Bismarck'schen Reichsgründung von 1871, der sich auch renommierte Fachwissenschaftler und Intellektuelle, die zuvor noch kritisch distanziert waren, nicht mehr entziehen konnten und dann auch nicht mehr entziehen wollten. Doch gab es auch hier verschiedene Schattierungen.

Verhalten, wenn auch nicht immer konsequent, war die Wertung Theodor Mommsens, der auf die Varuskatastrophe ausgerichtet formuliert, dass die Niederlage, die er – ganz wie schon in der Antike oft geschehen – der militärischen Unfähigkeit der römischen Führung zuschreibt, weniger militärisch und in ihrem Verlauf bedeutsam sei, wohl aber in ihren politischen Folgen, in dem er schließt: „... schwer begreift man, daß die Aufreibung einer Armee von 20000 Mann ohne weitere unmittelbare militärische Consequenzen der großen Politik eines einsichtig regierten Weltstaates eine entscheidende Wendung gegeben hat." (Th. Mommsen 1886, S. 50)

Der Grundtenor war jedoch der einer schwärmerischen Glorifizierung des Sieges des Arminius. Beispielhaft können Äußerungen anlässlich der Feier der 1900. Wiederkehr der Varuskatastrophe im Jahre 1909 gelten, wie etwa diejenige des Gymnasiallehrers Gottlob Engelhaafs: „Er [Arminius] war noch mehr: Wenn man an die durchgängige Widerstandsfähigkeit jugendlicher Völker gegen höhere Kulturstufen denkt, so ist kein Zweifel: indem Arminius das römische Heer vernichtet, hat er unsre Nationalität gerettet. Daß wir heute noch Deutsche sind, verdanken wir ihm."

Dieser sehr typische Blick auf dieses Ereignis zur Kaiserzeit vor 100 Jahren war bereits mit einem fatalen Gefühl der Überlegenheit verbunden. Mit dem Blick auf die erste Jahrhundertkatastrophe des 20. Jhs., deren Beginn sich in diesem Jahr jährt, lohnt es sich daran zu erinnern, wie stark dieses Ereignis immer in der jeweiligen Zeit umgewertet worden ist.

Das gilt im übrigen auch für die Rezeption des Hermannmythos in England und in den USA, nur in dem Sinne, dass der Mythos mit der nationalen Instrumentalisierung am Ende des 19. Jahrhunderts und besonders am Anfang des 20. Jahrhunderts im Deutschen Reich durch die zeitgenössische Konfliktsituation in den angelsächsischen Ländern an identitätsstiftender Bindekraft verlor (vgl. H. Holsten, in: Baltrusch/Hegewisch/Meyer/Puschner 2012, S. 315–389). Vorher war dies durchaus anders: Die Arminiusverehrung wurde nämlich in den deutschsprachigen Gebieten selbst nach 1806 keineswegs immer so überspitzt und mit demselben Ernst betrieben wie in der Wilhelminischen Epoche. Dies gilt etwa für den Verfasser des bekannten Studentenliedes „Als die Römer frech geworden". Was als national-kritisches Lied eines Studenten begann, wurde zu einem Gedicht der nationalen Gesinnung. Der Autor Josef Victor Scheffel, der auch im Parlament von 1848 saß, hatte in der ersten Fassung um 1847 noch den nationalen Zeitgeist in all seiner Unbeholfenheit verspottet, etwa mit den Worten der 13. Strophe:

„Und zu Ehren der Geschichten
Will ein Denkmal man errichten,
Schon steht das Piedestal,
Doch wer die Statue bezahl
Weiß nur Gott im Himmel!"

Der Spott traf einen wunden Punkt: Das Hermann-Denkmal in Detmold, an dem „Ort", der lange Zeit als der Hauptkandidat für den Untergang des Varus galt, war im Vormärz begonnen worden (Grundsteinlegung 1838), hatte jedoch erst im Jahre 1875 jetzt als Wahrzeichen zur Vollendung der kleindeutschen Lösung, nach 37 Jahren, seine längst fällige Ausgestaltung nach den Plänen Ernst von Bandels erfahren (vgl. H. Barmeyer, in: Baltrusch/Hegewind/Meyer/Puschner 2012, S. 287–313). Seither stand dort Arminius als Statue gegen den Erzfeind Frankreich ausgerichtet.

Aber nicht nur das Denkmal, sondern auch die gesamte Heldenverehrung um Hermann hatte schon vor Scheffels Lied den Spott der Zeitgenossen herausgefordert. Verwiesen sei auf Heinrich Heines bekannte, 1844 gedichtete Verse aus dem Wintermärchen, in dem der Dichter spöttisch den „klassische(n) Morast, wo Varus steckengeblieben," beschreibt, ebenso wie den „Teutoburger Wald, wo die deutsche Nationalität" gesiegt habe, „in diesem Drecke". Und auch er endete mit Blick auf das – im Gegensatz zum kleineren amerikanischen Pendant in New Ulm (Minnesota), das 1897 von deutschen Auswanderern errichtet wurde (s. Abb. 12) – lange unvollendete Denkmal: „O Hermann, dir verdanken wir das! / Drum wird dir, wie sich gebühret, / Zu Detmold ein Monument gesetzt; / Hab' selber subskribieret".

Erst nach 1871 war derartiger Spott nicht mehr angesagt: Nach der glücklichen Vollendung des Denkmals mit der nach Westen drohenden Hermann-Statue dichtete darum *von* Scheffel, 1876 geadelt, die 13. Strophe um, die jetzt lautete:

„Und zu Ehren der Geschichten
Tat ein Denkmal man errichten,
Deutschlands Kraft und Einigkeit
Verkündet es jetzt weit und breit:
‚Mögen sie nur kommen!'"

Diese Arminius-Glorifizierung wich nach der Niederlage im Ersten Weltkrieg einer wehmütigen Rückschau und einer Wut auf die Erfüllungsgehilfen der Siegermächte, die man bereits im Verhalten eines Segestes und Flavus angelegt sah. Manch ein national Gesinnter sah in Hitlers Machtübernahme 1933 dann endlich die Sendung des Arminius erfüllt (s. Abb. 11):

„Das gewaltige Erleben der jüngsten Vergangenheit, das sich um die Gestalt des Führers Adolf Hitler drängt, der das deutsche Volk zusammenschweißte und vom Abgrund des Verderbens zurückriss, findet in der Einigung der germanischen Stämme unter Arminius gewiss einen Stoff, in dem es [das aktuelle gewaltige Erleben] sich lösen kann." (in: f. Graus 1975, S. 251, A. 48)

Die Nationalsozialisten selbst hatten ihre Schwierigkeiten mit dem „deutschen Helden", vor allem weil er als Fahnenflüchtiger seine „Karriere" von welthistorischer Bedeutung begann.

Nach Jahrhunderten der nationalen Überhöhung der Leistung des Arminius trat eine Trendwende eigentlich erst am Ende der 60er Jahre ein. Eine Zäsur bildeten die „Arminius-Studien“ Dieter Timpes (1970), die den Grundlagen nationaler Überhöhung den Boden entzogen, indem er die inzwischen tief verwurzelten, lieb gewonnenen Vorstellungen einer „nationalen“ Erhebung Germaniens dekonstruierte, etwa mit folgenden Worten: „Die entscheidende Konsequenz liegt darin, daß die Varuskatastrophe mithin die Folge einer Meuterei der germanischen Auxilien gegen die Legionen des Rheinheeres gewesen ist, … nicht ein Volkskampf, nicht ein Stammesaufstand, sondern eine interne militärische Revolte …“ (D. Timpe 1970, S. 49)

Demnach ist Arminius gar kein Vertreter gesamtgermanischer Interessen gewesen. Vielmehr hatte er sich schon lange nicht mehr in der Heimat aufgehalten, als er seine Verschwörung gegen Varus ins Werk setzte. Er stand – wie sein Bruder Flavus – jahrelang in römischen Diensten und nicht nur das: Er war ein römischer Offizier und Befehlshaber einer Auxilieneinheit. Folglich besaß er das römische Bürgerrecht und war – als er im Jahr 8 n. Chr. endlich „nach Hause“ zurückkehrte – sogar römischer Ritter. Er gehörte also dem Adel der römischen Gesellschaft an.

Und besonders schmerzlich: Die Varuskatastrophe, die bislang so gern als nationale Tat der Germanen interpretiert wurde, sollte nach Timpe nicht den Charakter einer gesamtgermanischen Erhebung besessen haben. In der Tat hat nicht einmal die Mehrheit der Stämme hinter dieser Aktion gestanden. Auch in den Stämmen, die sich schließlich zum Aufstand entschlossen, hatte man vielfach die Aktion gegen eine starke Minderheit von prorömisch gesinnten Adligen und Stammesgenossen durchzusetzen. Die Kritik kulminiert in der These, dass die angebliche nationale Erhebung lediglich eine „Meuterei“ der germanischen Hilfstruppen gegen die Rhein-Legionen gewesen ist, also eine „interne militärische Revolte“.

Diese letzte Einschätzung wird zu weit gehen: Es gab Volksbeschlüsse bei den verschworenen Stämmen, welche die Grundlage der Erhebung gegen die Statthalterschaft des Varus bildeten. Segestes konnte darauf verweisen, als er zu den Römern überlief; Arminius hatte für seinen Plan der Erhebung Rückhalt in den nordwestgermanischen Stämmen: So konnte er in weit entfernten Stämmen interne Gegner der Erhebung in Fesseln legen lassen.

Die historische Bedeutung von Arminius erschließt sich daher in der beharrlichen Anwendung einer durch die geographisch-naturräumlichen und klimatischen Bedingungen begünstigten, in römischen Diensten ausgebildeten Strategie und nicht in dem einmaligen Sieg des Jahres 9 n. Chr., wie etwa Mommsen meinte. Mit der konsequenten Anwendung dieser Strategie nutzte der Cheruskerfürst die römischen Schwachstellen nach dem ersten Erfolg gegen Varus noch weitere sieben Jahre aus. Die beharrliche Anwendung bewog Tiberius schließlich zu einer Neujustierung der Ziele gegenüber Germanien, die zwischen 16 und 19 n. Chr. in mehreren Schritten auch öffentlich bekundet und gegen inneren Widerstand durchgesetzt wurden. Die neue Politik schrieb den Rückzug auf den Rhein verbindlich fest – eine Entscheidung, die sich als nachhaltig erwies, vor allem durch die neuen Akzente in der römischen Politik unter Claudius und infolge der bestätigenden administrativen Maßnahmen unter Domitian. Die Bewertung des Arminius ist demnach nicht allein auf der Basis seiner Rolle im Jahr 9 n. Chr. vorzunehmen. Und sein Erfolg war durch die spezifische, vorteilhafte Situation in Germanien bestimmt, die er nicht immer beeinflussen konnte. Ihre konsequente Instrumentalisierung ist dagegen seine Leistung, denn er brauchte sie als Verbündeten gegen die Militärmaschinerie der Welt, die nach Tacitus auf dem Höhepunkt ihrer Entwicklung stand (Tac. Ann. 2,88,2).

Parallel zur Dekonstruktion der „nationalen" Aufladung dieses Ereignisses in der Forschung nach dem zweiten Weltkrieg und insbesondere ab den 1960er Jahren erfolgte auf allen anderen Ebenen der populären Rezeption eine Ausweitung des Spektrums, wie etwa auch am Beispiel des historischen Romans erkennbar ist. Auch hier scheinen der „deutsche Held" Hermann in den jüngeren Romanen sowohl in Deutschland als auch im Ausland ebenso wie sein Gegenspieler Varus von ihren antithetischen Positionen als Vertreter des guten bzw. schlechten Prinzips losgelöst zu werden. Dabei wird immer mehr auch die Geschichte der „kleinen Leute", also die Ebene unter den Hauptpersonen, in den Fokus gerückt. Ähnliches ist im Übrigen bei der entsprechenden Rezeption des Vercingetorix, der Boudicca oder des Ambiorix festzustellen (vgl. Ch. de Gemeaux, in: Baltrusch/Hegewisch/Meyer/Puschner 2012, S. 403–420). Damit gesellen sich diese Formen der Rezeption zu den schon länger untersuchten Bereichen der wechselseitigen Rezeption der jeweiligen antiken „Helden" aus den Nachbarländern im 19. und der ersten Hälfte des 20. Jhs. (M. Reddé/S. von Schnurbein 2008).

Eine wahre Flut an Dokumentarfilmen (M. Lindner 2013), nach der derzeitigen „Mode" mit schauspielerischen Szenen und der Einspielung von eingepassten Experten- und Journalistenaussagen versehen, die das Fehlen von Zeitzeugen ersetzen sollen, trägt – wie jede Form der Rezeption – nicht unbedingt und notwendig zu einer differenzierteren Sicht auf die Ereignisse bei. Wohl aber eröffnet diese Flut den Blick auf ein Bedürfnis, das sich aus dem Angebot und der Nachfrage speist: Die römisch-germanischen Auseinandersetzungen, die mit der Varuskatastrophe einen ersten Kulminationspunkt erreichten und mit dem Rückzugsbefehl des Tiberius zunächst beendet und dann langfristig in eine neue Richtung gelenkt wurden, gehören noch immer zu den populärsten „antiken Stoffen" in Deutschland.

So erklären sich auch die Bemühungen, Arminius und die Varuskatastrophe für sich und die eigene Region in Beschlag zu nehmen: Der Untergang von drei römischen Legionen, drei Reiterabteilungen und sechs Hilfstruppenkohorten mit ihrem Tross, 20.000 Mann etwa, ist in den 500 Jahren seit der Wiederentdeckung der taciteischen Werke immer auch eine Frage des „lokalpatriotischen" Prestiges gewesen, was zu nicht weniger als 700 Versuchen der Lokalisierungen geführt hat. Diese Lokalisierungsbemühungen sind immer noch aktuell und lassen Fachleute wie Laien nach wie vor heftig streiten. Dieses Interesse hat letztendlich den Auftrag zu Abfassung dieser Darstellung begründet, in der eine historische und archäologische Einordnung des Geschehens versucht wurde, das literarisch und durch materielle Hinterlassenschaft dokumentiert ist. Natürlich müssen Schwerpunkte gesetzt werden, die das Urteil bedingen. Dieses lässt sich so zusammenfassen:

Lange Zeit schien die sog. Lippische Theorie, welche die Varusniederlage im Teutoburger Wald oder zwischen Teutoburger Wald und Weser annimmt, am attraktivsten. Nach dieser fand Varus in der Nähe von Detmold sein Ende, weshalb dort auch das erwähnte Hermannsdenkmal errichtet wurde.

Die „Rechtmäßigkeit" dieser sicherlich populärsten geographischen Zuordnung der Varuskatastrophe haben die äußerst ergiebigen Ausgrabungen im Osnabrücker Raum am nordwestlichen Ausläufer des Wiehengebirges bei Kalkriese erschüttert. Doch behält der Raum um Detmold seine Bedeutung, da in dieser Region der viertägige Untergang der Varusarmee seinen Anfang nahm.

Anhang

Ausgewählte Erinnerungsorte der Varuskatastrophe und der römischen Präsenz in Germanien unter Augustus.
(Angaben nach Stand Juli/August 2014)

Detmold
Lippisches Landesmuseum Detmold
Ameide 4
32756 Detmold
www.lippisches-landesmuseum.de.
Ausstellung 2009: 2000 Jahre Varusschlacht – Mythos (s. Literaturverzeichnis)
Führungen (zum Denkmal): 05231/9925–0.

Hermannsdenkmal
Grotenburg
32760 Detmold (Hiddesen)
Tel. 05231–301 48 53 (Touristen-Information),
www.hermannsdenkmal.de.
Öffnungszeiten: 1.3. bis 31.10.: 9–18 Uhr; 1.11. bis 28.2.: 9.30–16 Uhr.

Grotenburg: Ringwallanlage auf einem 396 m Hohen Berg im SO des Teutoburger Waldes, ca. 1,5 km Luftlinie südlich des Detmolder Ortsteils Hiddesen. Die Bestandteile des Ringwalls wurden als Material für den Bau des Hermannsdenkmals verwendet.

Haltern
LWL-Römermuseum Haltern
Weseler Straße 100
45721 Haltern am See
Tel. 02364 93760, www.lwl-roemermuseum-haltern.de.
Öffnungszeiten: Di–Fr 9–17 Uhr; Sa, So und Feiertags 10–18 Uhr.

Hedemünden
Offizielle Webseite: www.goettingerland.de/roemerlager.
Wissenschaftliche Leitung beim Landkreis Göttingen
Kreisarchäologie
Rheinhäuser Landstr. 4
37083 Göttingen.
Am Ort ist ein freier Zugang zu einem eingerichteten Rundgang mit Infotafeln installiert.
Die Funde der Grabungen bei Hedemünde werden Teil einer Dauerausstellung im Niedersächsischen Landesmuseum Hannover ab 2015.
Seit Mai 2013 existiert ebenfalls eine kleine Dauerausstellung „Pilum, Schwert und Palisade. Das Römerlager Hedemünden" im Stadtmuseum von Hann. Münden.

Kalkriese
Varusschlacht im Osnabrücker Land GmbH
Museum und Park Kalkriese
Venner Straße 69
49565 Bramsche-Kalkriese
Tel. 05468 9204 200
Fax 05468 9204 45
E-Mail: führungen@kalkriese-varusschlacht.de
Tel. 05468 9204 23; öffentliche Führungen zur Dauerausstellung nach Anmeldung.
Öffnungszeiten:
April bis Oktober geöffnet von 10 bis 18 Uhr.
November bis März Dienstag bis Sonntag 10–17 Uhr;
Montags, Heiligabend und Silvester geschlossen.

Mainz
Römisch-Germanisches Zentralmuseum
Forschungsinstitut für Archäologie (http://web.rgzm.de)
Informationen zu Ausstellungen und Museen: 06131 9124 170; service@rgzm.de.

Marktbreit
Für das kleine Lager und das größere Marschlager existiert auf dem Kapellenberg ein Rundweg mit acht Infotafeln.
Das Fundmaterial befindet sich insbesondere im Römerkabinett des Malerwinkelhauses
Bachgasse 2
97340 Marktbreit
Tel. 09332/591596, email: info@malerwinkelhaus.de, www.malerwinkelhaus.de.
Öffnungszeiten: 3.4.–2.11. 2014: Do 14–20 Uhr;
Fr–So und Feiertags 14–17 Uhr.

Neuss
Es gibt einen „Historischen Umgang" zu den Lagerarealen, wobei auf Fundstellen hingewiesen wird
(vgl. www.castrum-novaesium.de/Standortneu.html).
Funde sind im Clemens-Sels-Museum
Am Obertor 4
41460 Neuss ausgestellt.
Tel. 02131 904141; www.clemens-sels-museum-neuss.de/, info@clemens-sels-museum.de.
Öffnungszeiten: Di–So 11–17 Uhr.

Oberaden
Funde im Römermuseum Haltern und im Stadtmuseum Bergkamen
Jahnstr. 31
Museumsplatz
59192 Bergkamen-Oberaden
Tel. 02306 / 30 0 21-0 (www.stadtmuseum-bergkamen.de, info@stadtmuseum-bergkamen.de)
Öffnungszeiten: Mo–Fr 10–12 u. 14–17 Uhr, Sa 14–17 Uhr, So 11–17 Uhr. Weiter gibt es einen archäologischen Lehrpfad mit 9 Informationstafeln auf dem Gelände des Lagers Oberaden.

Waldgirmes
www.roemerforum-lahnau.de.
Öffnungszeiten der Geschäftsstelle Mo–Do 10–15 Uhr,
Tel. 06441/65240

Xanten

Im Zentrum steht der Archäologische Park Xanten, der sich an der Stelle der 98 n. Chr. gegründeten *Colonia Ulpia Traiana* um die wissenschaftliche Erforschung und Präsentation der Colonia bemüht. Die moderne Stadt mit dem späteren Dom entstand im 8. Jh. an der Stelle des römischen Gräberfeld (*ad sanctos* = Xanten). Das erste Lager entstand mit der Drususoffensive 13/12 v.Chr. auf dem Fürstenberg.
www.apx.lvr.de/archaeologischerpark, Telefon Besucherservice:
Tel. 02801 988 9213; xanten@kulturinfo-rheinland.de
Öffnungszeiten: März bis Oktober tägl. 9–18 Uhr, Nov. tägl. 9–17 Uhr, Dez.–Feb. tägl. 10–16 Uhr.

Zeitleiste

113 – 101 v. Chr.	Marsch der Kimbern, Teutonen und Ambronen von der dänischen Küste und Elbe nach Gallien und Norditalien
105	Sieg der Kimbern über die Römer bei Arausio
101	Sieg der Römer über Kimbern bei Vercellae
63, 23. Sept.	Geburt des C. Octavius (später: Imperator Iulius Caesar Octavianus Augustus)
58–52	Eroberung Galliens durch Caesar
55 und 53	Expeditionen Caesars nach Germanien nach dem Bau einer Rheinbrücke
44 15. März	Ermordung Caesars
39/38	Erste Statthalterschaft des M. Vipsanius Agrippa in Gallien
31 2. Sept.	Sieg Octavians bei Actium gegen Antonius und Kleopatra
31–19	Entlassung und Ansiedlung der Soldaten der Bürgerkriegszeit und parallel dazu Aufbau der neuen Reichsarmee von 25 Legionen (später 28 Legionen)
27 13. u. 16. Jan.	Rückgabe der triumviralen Gewalt an Senat und Volk; Übertragung von unbefriedeten Provinzen auf 10 Jahre *(imperium proconsulare)*; Verleihung des Ehrennamens Augustus
23	Augustus: Rücktritt vom Konsulat; Übertragung der *tribunicia potestas* Mit *imperium proconsulare maius* (auf Zeit) hat der Princeps übergeordnete Befehlsgewalt über alle Provinzen
20/19	Zweite Statthalterschaft des M. Vipsanius Agrippa in Gallien
19	Befriedung der hispanischen Provinzen
17	31. Mai–12 Juni: Säkularspiele
16	Niederlage des Lollius; Augustus in Gallien: Neuordnung in drei Provinzen; Verlegung der Truppen an den Rhein
15	Einrichtung der Provinzen Noricum und Raetien

13	Konsulat des Tiberius und des Varus
12–9	Angriffskriege des Drusus gegen die rechtsrheinischen Germanen; Eroberung Pannoniens durch Tiberius
9	Tod des Drusus in Germanien
8–7	Tiberius in Germanien; Unterwerfung der germanischen Stämme; Auflösung des Sugambrerverbandes
7	2. Konsulat des Tiberius, sein Triumph über Germanien
ca. 1–4 n. Chr.	größere Unruhen in Nordwestdeutschland *(immensum bellum)*
4	26/27. Juni: Adoption des Tiberius durch Augustus, Adoption des Germanicus durch Tiberius
4–6	Tiberius in Germanien: Befriedung und Heerzüge bis zur Elbe
6	Feldzug gegen Marbod von Mainz und Carnuntum aus, muss abgebrochen werden
6–9	Pannonischer Aufstand (zeitweilig Arminius im römischen Heer daran beteiligt)
7	Varus wird Oberbefehlshaber und verschärft den Kurs der Provinzialisierung in der Germania Magna
8 oder 9	Arminius wird nach Niedergermanien (Xanten) als Befehlshaber einer Auxiliareinheit versetzt und wird zum Berater des Varus
9	Vernichtung des römischen Heeres in Germanien, Tod des Varus und Vernichtung von drei Veteranenlegionen, drei Reiteralen und sechs Auxiliarcohorten (ca. 20.000 Mann)
10–12	Tiberius erneut in Germanien als Oberbefehlshaber; Sicherung der Rheingrenze; Germanicus, der Sohn des Drusus, dient unter Oberbefehl des Tiberius
13 3. April	Germanicus mit *imperium* in Germanien: Oberbefehlshaber 13–16 n. Chr. zur Rückeroberung der Germania Magna; Einleitung der Angriffskriege (bis Ende 16 n.Chr.); Akklamation als *imperator* im Jahr 13
14 19. Aug.	Tod des Augustus in Nola
14	Meuterei der Rheinlegionen
14–37	Tiberius Princeps

15 (Anfang)	Germanicus erhält Triumph zuerkannt, für seine militärischen Erfolge im Jahr 13; Triumph wird erst 17 n.Chr. nach der Abberufung abgehalten
15 (Sommer)	Segestes, der Schwiegervater des Arminius, läuft zu den Römern über (nimmt schwangere Frau des Arminius, Thusnelda, mit)
15 (Sommer)	Besuch und Untersuchung der Varuskampfstätten der Germanicus-Armee im Rahmen der Angriffskriege zur Rückeroberung der Germania Magna
15 (Herbst)	Krise des Caecina-Armeekorps *westlich* der Ems
17	Abberufung des Germanicus, sein Triumph über Germanien (bis zur Elbe); Verzicht auf die Beherrschung der westelbischen Gebiete; Rückzug auf den Rhein (lineare Dislokation der Verteidigungsanlagen); Kriege der Arminius-Koalition gegen Marbod
17–19	Konsulat und Ostmission des Germanicus
19	Flucht des Marbod, Zusammenbruch des Marbodreiches
19	Tod des Germanicus
20	Totenehren für Germanicus, Prozess gegen Piso
21?	Tod des Arminius
41–54	Kaiser Claudius
43	Offensive in Britannien
50	Das *oppidum Ubiorum* wird zur *Colonia Claudia Ara Agrippinensis* (Köln)
69–70	Bataveraufstand
81–96	Kaiser Domitian
81–85?	Chattenkriege
um 85	Einrichtung der beiden Provinzen *Germania Inferior* und *Germania* Superior
83	Baubeginn am Limes; Ausbau des Limesgebietes unter den Kaisern Trajan (98–117) und Hadrian (117–138)
167–180	Markomannenkriege an der Donau
212	*Constitutio Antoniniana*: Verleihung des römischen Bürgerrechts an alle (freien) Provinzialen
235	Germanienoffensive des Maximinus (Thrax): Schlachtfeld am Harzhorn

Literaturverzeichnis

2000 Jahre Varusschlacht. Imperium – Konflikt – Mythos (3 Bde.), Stuttgart 2009.

Roms vergessener Feldzug. Die Schlacht am Harzhorn, hrsg. vom Braunschweigischen Landesmuseum, Stuttgart 2013.

P. Arens, Kampf um Germanien. Die Schlacht im Teutoburger Wald, Frankfurt am Main 2008.

E. Baltrusch/M. Hegewisch/M. Meyer/U. Puschner (Hrsg.), 2000 Jahre Varusschlacht. Geschichte – Archäologie – Legenden, Berlin-Boston 2012.

T. Bechert, Die Provinzen des Römischen Reiches. Einführung und Überblick, Mainz 1999.

J.-W. Beck (Hrsg.), Ad fines imperii Romani anno bismillesimo cladis Varianae. Acta conventus academiae Latinitati fovendae XII Ratisbonensis (Regensburg 15.–19. Sept. 2009), Leuven 2011.

A. Becker, Lahnau-Waldgirmes. Eine augusteische Stadtgründung in Hessen, Historia 52, 2003, S. 337–350.

A. Becker/G. Rasbach, Die spätaugusteische Stadtgründung in Lahnau-Waldgirmes, Germania 81, 2003, S. 147–199.

A. Becker/G. Rasbach, „Städte in Germanien". Der Fundplatz Waldgirmes, in: R. Wiegels (Hrsg.), Die Varusschlacht. Wendepunkt der Geschichte?, Stuttgart 2007, S. 102–116.

F. Berger, Aktuelle Varusschlachten, Numismatisches Nachrichtenblatt 53, 2004, S. 267–273.

B. Bleckmann, Die Germanen. Von Ariovist bis zu den Wikingern, München 2009.

D.J. Breeze/S. Jilek, Frontiers of the Roman Empire, Edinburgh 2013.

E. Bremer, Die Nutzung des Wasserweges zur Versorgung der römischen Militärlager an der Lippe, mit einem Beirag von W. Brepohl, Neue Überlegungen zur Varusschlacht, Münster 2001.

K. Christ, Zur augusteischen Germanienpolitik, Chiron 7, 1977, S. 149ff., erneut in: ders., Römische Geschichte und Wissenschaftsgeschichte, Bd. 1, Darmstadt 1982, S. 183–239.

J. Deininger, Flumen Albis. Die Elbe in Politik und Literatur der Antike, Hamburg 1997.

B. Dreyer, Als die Römer frech geworden. Varus, Hermann und die Katastrophe am Teutoburger Wald, Darmstadt 2008.

B. Dreyer, Arminius und der Untergang des Varus. Warum die Germanen keine Römer wurden, Stuttgart 2009.

B. Dreyer, Als die Römer frech geworden. Varus, Hermann und die Katastrophe am Teutoburger Wald. Auditorium Maximum. Der Hörbuchverlag der WBG, Darmstadt 2009.

W. Eck, Augustus und die Großprovinz Germanien, Kölner Jahrbuch 37, 2004 [2006], S. 11–22.

W. Eck, Köln in römischer Zeit, Köln 2004.

Th. Fischer/E. Riedmeier-Fischer, Der Römische Limes in Bayern, Regensburg 2008.

F. Graus, Lebendige Vergangenheit. Überlieferung im Mittelalter und in den Vorstellungen vom Mittelalter, Köln 1975.

K. Grote, Römerlager Hedemünden, Hann. Münden 2005.

K. Grote, Römerlager Hedemünden. Der augusteische Stützpunkt, seine Außenanlagen, seine Funde und Befunde, Dresden 2012.

K. Grote, Das Römerlager Hedemünden: eine Dekade der Erforschung jetzt beendet, in: Berichte zur Denkmalpflege in Niedersachsen 33/1, 2013, S. 13–16.

J. Gruber, Tacitus und der Ort der Varus-Schlacht. Vom Zeugniswert der literarischen Quellen, Gymnasium 115, 2008, S. 453–467.

W. John, P. Quinctilius Varus, Real Encyclopädie, Bd. 24, s.v. nr. 20, Stuttgart 1963, Sp. 907–984.

M. Kaiser, Älter als Lager A. Zu den Anfängen der römischen Militärpräsenz am Rhein, in: J. Kunow (Hrsg.), 25 Jahre Archäologie im Rheinland 1987–2011, Darmstadt 2012, S. 23–32.

P. Kehne, Der historische Arminius … und die Varusschlacht aus cheruskischer Perspektive, in: 2000 Jahre Varusschlacht. Bd. 3: Mythos, Stuttgart 2009, S. 104–113.

P. Kehne/V. Salač, König Marbod. Ein Germanenreich in Böhmen, in: 2000 Jahre Varusschlacht. Bd. 3: Mythos, Stuttgart, 2009, S. 114–122.

D. Kienast, Prinzeps und Monarch, Darmstadt [4]2009.

K. Kösters, Mythos Arminius. Die Varusschlacht und ihre Folgen, Münster 2009.

P. Kracht, Römer in Limburg an der Lahn, Antike Welt 6, 2012, S. 4f.

K. Kraft, Gesammelte Aufsätze zur antiken Geschichte und Militärgeschichte, Darmstadt 1973.

G. A. Lehmann, Zum Zeitalter der römischen Okkupation Germaniens: Neue Interpretationen und Quellenbefunde, Boreas 12, 1989, S. 207–230.

G A. Lehmann, Zur historisch-literarischen Überlieferung der Varus-Katastrophe 9 n.Chr., Boreas 13, 1990, S. 143–164.

G. A. Lehmann, Das Ende der römischen Herrschaft über das „westelbische“ Germanien: Von der Varuskatastrophe zur Abberufung des Germanicus Caesar 16/7 n.Chr., ZPE 86, 1991, S. 79–96.

G. A. Lehmann/R. Wiegels (Hrsg.), Römische Präsenz und Herrschaft im Germanien der augusteischen Zeit. Der Fundplatz von Kalkriese im Kontext neuer Forschungen und Ausgrabungsbefunde, Göttingen 2007.

M. Lindner (Hrsg.), Antikenrezeption 2013, Heidelberg 2013.

V. Losemann, Arminius und Augustus. Die römisch-germanischen Auseinandersetzung im deutschen Geschichtsbild, in: K. Christ/E. Gabba, Römische Geschichte und Zeitgeschichte in der deutschen und italienischen Altertumswissenschaft während des 19. und 20. Jh.s I: Caesar und Augustus, Biblioteca di Athenaeum 12, Como 1989, S. 129–163.

R.–P. Märtin, Die Varusschlacht. Rom und die Germanen, Frankfurt am Main 2008.

J. Menadier, Der numismatische Nachlass der varianischen Legionen, Zeitschrift für Numismatik 13, 1885, S. 89–112 (und Tafeln).

J. Menadier, Abhandlungen der Numismatischen Gesellschaft zu Berlin 1886. Sitzung vom 3. Mai, Zeitschrift für Numismatik 14, 1887, S.19–27.

Th. Mommsen, Römische Geschichte Bd. V, Berlin [3]1886.

Th. Mommsen, Die Örtlichkeit der Varusschlacht, in: ders., Gesammelte Schriften, Bd. 4: Historische Schriften, Bd. 1, Berlin/Dublin/Zürich 1965, S. 200–246.

W. Müller, Zur Örtlichkeit der Varussschlacht, Das Altertum, Bd. 3, 1957, S. 223–234.

J. Norkus, Die Feldzüge der Römer in Nordwestdeutschland in den Jahren 9–16 n.Chr. von einem Soldaten gesehen, Hildesheim 1963.

H. U. Nuber, P. Quintilius Varus siegte … als *legatus* in Süddeutschland, in: 2000 Jahre Varusschlacht. Bd. 1: Imperium, S. 106–113.

W. Pohl, Die Germanen, München 2000.

M. Reddé/R. Brulet/R. Fellmann/J. K. Haalebos/S. von Schnurbein (Hrsg.), L'architecture de la Gaule romaine. Le fortifications militaires, Paris/Bordeaux 2006.

M. Reddé/S. von Schnurbein, Alésia et la battaille du Teutoburg. Un parallèle critique des sources, Ostfildern 2008.

A. Rost, Kalkriese – Archäologische Befunde und antike Schriftquellen, Archäologie in Niedersachsen Bd. 6, 2003, S. 25–29.

A. Rost/S. Wilbers-Rost, Kalkriese 6. Die Verteilung der Kleinfunde auf dem Oberesch in Kalkriese. Kartierung und Interpretation der römischen Militaria unter Einbeziehung der Befunde, Darmstadt/Mainz 2012.

K. Ruffing/A. Becker/G. Rasbach (Hrsg.), Kontaktzone Lahn: Studien zum Kulturkontakt zwischen Römern und germanischen Stämmen, Wiesbaden 2010.

W. Schetter/R. von Uslar, Zu den pontes longi (Tac. ann. 1,63,3), Gymnasium 78, 1971, S. 201–224.

W. Schlüter, War der Oberesch in Kalkriese der Standort des letzten Varuslagers?, Osnabrücker Mitteilungen Bd. 116, 2011, S. 9–32.

E. Schwartz, Cassius Dio, Real-Encyclopädie, Bd. 3, s.v. nr. 40, Stuttgart 1899, Sp. 1684–1722

M. Stahl, Die Römer in Deutschland. Perspektiven aus der Gegenwart auf ein altes Thema, GWU 11, 1999, S. 656–663.

H. H. Steenken, Funktion, Bedeutung und Verortung der ara Ubiorum im römischen Köln – ein status quaestionis, in: R. Wiegels/W. Spickermann/K. Matijevic/H. H. Steenken (Hrsg.), Rom, Germanien und das Reich. FS R. Wiegels, St. Katharinen 2005, S. 104–149.

K. Tausend, Wohin wollte Varus?, Klio 78, 1996, S. 372–382.

K. Tausend, Im Inneren Germaniens. Die Beziehungen zwischen den germanischen Stämmen vom 1. Jh. v. Chr. bis zum 2. Jh. n. Chr., Stuttgart 2009.

D. Timpe, Drusus' Umkehr an der Elbe, Rheinische Museum NF 110, 1967, S. 289–306.

D. Timpe, Der Triumph des Germanicus. Untersuchungen zu den Feldzügen der Jahre 14–16 n.Chr., Bonn 1968.

D. Timpe, Arminius-Studien, Heidelberg 1970.

D. Timpe, Wegeverhältnisse und römische Okkupation Germaniens, in: H. Jankuhn/W. Kimmig/E. Ebel (Hrsg.), Untersuchungen zu Handel und Verkehr der vor- und frühgeschichtlichen Zeit in Mittel- und Nordeuropa, Teil V: Der Verkehr. Verkehrswege – Verkehrsmittel – Organisation, Göttingen 1989, S. 83–107.

G. Uelsberg, Krieg und Frieden. Kelten – Römer – Germanen, Darmstadt 2007.

H. von Petrikovits, Arminius, Bonner Jahrbücher Bd. 166, 1966, S. 175–193.

S. von Schnurbein, Augustus in Germanien. Neue Archäologische Forschungen, Amsterdam 2002, S. 5–38.

S. von Schnurbein, Germanien in römischer Sicht. *Germania Magna* und die römischen Provinzbezeichnungen, Germanisch-Deutsch, RGA–E Band 34, Berlin/New York 2004, S. 25–36.

L. Walther (Hrsg.), Varus, Varus! Antike Texte zur Schlacht im Teutoburger Wald, Stuttgart 2008.

L. Wamser (Hrsg.), Die Römer zwischen Alpen und Nordmeer. Zivilisatorisches Erbe einer europäischen Militärmacht, Mainz 2000.

C.M. Wells, The German Policy of Augustus. An Examination of the Archeological Evidence, Oxford 1972.

K.–W. Welwei, Römische Weltherrschaftsideologie und augusteische Germanienpolitik, Gymnasium 93, 1986, S. 118–137.

R. Wiegels, Kalkriese, Reallexikon der Germanischen Altertumskunde, Bd. 16, 2000, S. 180–199.

R. Wiegels (Hrsg.), Die Varusschlacht. Wendepunkt der Geschichte?, Stuttgart 2007.

R. Wiegels, Im Kampf mit den Germanen – Cohors I in Kalkriese, Varus-Kurier 12. Jahrgang – I, Osnabrück (Dezember) 2006, S. 1–3.

S. Wilbers-Rost, Die Befunde auf dem „Oberesch" in Kalkriese und die Varusschlacht, Archäologie in Niedersachsen, Bd. 6, 2006, S. 30–36.

S. Wilbers-Rost, Der Hinterhalt gegen Varus. Zu Konstruktion und Funktion der germanischen Wallanlage auf dem „Oberesch" in Kalkriese, Die Kunde N.F. 54, 2003, S. 123–142.

W. Winkelmann, 700 Theorien – doch keine führt zum Schlachtfeld, in: Westfalenspiegel 32, 1983, S. 41–46.

R. Wolters, „Tam diu Germania vincitur". Römische Germaniensiege und Germaniensieg-Propaganda bis zum Ende des 1. Jahrhunderts n.Chr., Bochum 1989.

R. Wolters, Der Germanicus-Dupondius, die *Tabula Siarensis* und der römische Verzicht auf die Okkupation Germaniens, Numismatische Zeitschrift 101, 1990, S. 7–28.

R. Wolters, Germanien im Jahre 8 v.Chr., in: W. Schlüter/R. Wiegels (Hrsg.), Rom, Germanien und die Ausgrabungen von Kalkriese, Osnabrück 1999, S. 591–635.

R. Wolters, Germanische Mobilität und römische Ansiedlungspolitik: Voraussetzungen und Strukturen germanischer Siedlungsbewegungen im römischen Grenzland, Germania inferior, RGA–E Band 28, Berlin/New York 2000, S. 146–168.

R. Wolters, Hermeneutik des Hinterhalts: die antiken Berichte zur Varuskatastrophe und der Fundplatz von Kalkriese, Klio 85, 2003, S. 131–170.

R. Wolters, Die Schlacht im Teutoburger Wald. Arminius, Varus und das römische Germanien, München 2008.

R. Wolters, Die Römer in Germanien, München 2011.

Register

Kursive Seitenzahlen verweisen auf Angaben in der Zeitleiste.

Orte

Personen

Abbildungsnachweis

Abb. 1: Nach: Ulrich von Hutten: Arminius, Hermann, ein Dialog. Wien 1815, Titelbild; Abb. 2: bpk / Münzkabinett, SMB / Lutz-Jürgen Lübke; Abb. 3: akg / Bildarchiv Steffens; Abb. 4a / b: Goethe-Universität Frankfurt, Sammlung des Instituts für Archäologische Wissenschaften Abteilung II.; Abb. 5: akg / Museum Kalkriese; Abb. 6: Fritz-Wolf-Gesellschaft, Osnabrück, www.Fritz-Wolf.de; Abb. 7: LWL-Archäologie für Westfalen / S. Brentführer; Abb. 8: Gigon / Guyer Architekten, Zürich in Zusammenarbeit mit Zulauf Seippel Schweingruber, Landschaftsarchitekten, Baden; Abb. 9: H. Wilker Medienzentrum Osnabrück; Abb. 10: Förderverein Römisches Forum Waldgirmes e.V; Abb. 11: Lippisches Landesmuseum Detmold, Sammlung Wilfried Mellies; Abb. 12: Wikimedia Commons / Flip Schulke; Abb. 13: für die Bereitstellung des Bildmaterials aus seinem Privatarchiv bedanken sich Verlag und Autor herzlich bei Herrn Prof. Julian Gonzalez von der Universität Sevilla; Abb. 14: Verwaltung der Staatlichen Schlösser und Gärten Hessen, Schloss Erbach im Odenwald, Foto: Michael C. Bender.
Karte 1: Nach: R. Much / W. Lange: Die Germania des Tacitus. 3. bearb. Aufl. Heidelberg 1967; Karte 3, 4, 6, 12, 14, 15: Rudolf Hungreder, Leinfelden-Echterdingen; Karte 5: Lippisches Landesmuseum Detmold, Dirk Fabian, ingraphis.de, nach einer Vorlage von V. Salač; Karte 7: VARUSSCHLACHT im Osnabrücker Land gGmbH – Museum und Park Kalkriese, Klaus Fehrs; Karte 8: Lippisches Landesmuseum Detmold, Dirk Fabian, ingraphis.de, nach einer Vorlage von B.Sicherl, die Nummerierungen stehen im folgenden für: 1. Pestruper Gruppe, 2. Eilshausener Gruppe, 3. Tecklenburger Gruppe, 4. Region Zentrales- und Westmünsterland, 5. Oberems Region, 6. Pippinsburg Region, 7. Paderborner Region, 8. Lippe-Ruhr Region, 9. Betuwe-Ijssel Region, 10. Wupper-Siebengebirgs Region, 11. Maas-Rur Region, 12. Dünsberg Gruppe, 13. Steinsburg Gruppe, 14. Unstrut-Saale Gruppe; Karte 9: Lippisches Landesmuseum Detmold / M. Meyer, siehe auch: M.Meyer, Der deutsche Mittelgebirgsraum um die Zeitenwende. In: Landschafts-verband Lippe (Hrsg.), 2000 Jahre Varusschlacht. Mythos (Stuttgart 2009) 58–66.; Karte 10: Aus K. Grote, Römerlager Hedemünden. Dresden 2012, Abb. 12; Karte 11: LVR-LandesMuseum Bonn, Christoph Duntze; Karte 13a / b: Lippisches Landesmuseum Detmold / V. Salač.